Júlio José Chiavenato

O GOLPE DE 1964 E A DITADURA MILITAR

Pesquisador e autor de diversas obras, como *As lutas do povo brasileiro – do "Descobrimento" a Canudos*; *Ética globalizada e sociedade de consumo* e *O massacre da natureza*, publicados pela Editora Moderna.

3ª edição
São Paulo, 2014

MODERNA

1ª EDIÇÃO, 1994
2ª EDIÇÃO, 2004

COORDENAÇÃO EDITORIAL Lisabeth Bansi
ASSISTÊNCIA EDITORIAL Patrícia Capano Sanchez
PREPARAÇÃO DE TEXTO Ana Catarina Ferreira Nogueira
COORDENAÇÃO DE EDIÇÃO DE ARTE Camila Fiorenza
CAPA Will Silva
DIAGRAMAÇÃO Michele Figueredo
COORDENAÇÃO DE REVISÃO Elaine C. del Nero
REVISÃO Adriana Bairrada
COORDENAÇÃO DE BUREAU Américo Jesus
PRÉ-IMPRESSÃO Helio P. de Souza Filho
COORDENAÇÃO DE PRODUÇÃO INDUSTRIAL Arlete Bacic de Araújo Silva
IMPRESSÃO E ACABAMENTO A. R. Fernandez

Dados Internacionais de Catalogação na Publicação (CIP)
(Câmara Brasileira do Livro, SP, Brasil)

Chiavenato, Júlio José
O golpe de 1964 e a ditadura militar / Júlio José Chiavenato. – 3. ed. – São Paulo : Moderna, 2014
(Coleção polêmica)

ISBN 978-85-16-09374-7

1. Brasil - História - Revolução de 1964
2. Brasil - Política e governo - 1964- I. Título.
II. Série.

14-02468 CDD-981.08

Índices para catálogo sistemático:
1. Revolução de 1964 : Brasil : História 981.08

EDITORA MODERNA LTDA.
Rua Padre Adelino, 758 - Belenzinho
São Paulo - SP - Brasil - CEP 03303-904
Vendas e Atendimento: Tel. (11) 2790-1300
Fax (11) 2790-1501
www.modernaliteratura.com.br
2014

Impresso no Brasil

Só pode haver revolução onde há consciência.

Jean Jaurès, político francês.

Sumário

Introdução

Entre 1964 e 1984, a ditadura no Brasil desorganizou a economia, institucionalizou a corrupção e fez da tortura uma prática política. Envileceu a nação e abalou o caráter brasileiro. Alienou as novas gerações, tornando-as incapazes de entender a sociedade em que vivem.

A atual crise econômica e as contradições políticas são, em grande parte, herança e consequência do regime militar. Com os militares aprofundou-se a crise econômica e agravou-se o problema social, marginalizando milhões de brasileiros, que sobrevivem entre o desemprego e a subnutrição.

Os jovens, que saíram às ruas movidos por uma revolta moralista contra a corrupção do governo Collor (1990-1992), permanecem alheios ou indiferentes às desigualdades sociais e à concentração de renda. Essa alienação leva-nos, quase automaticamente, a ter como alvo as crises pontuais, esquecendo-nos das suas raízes. Se não formos às raízes, nada entenderemos.

Este livro ocupa-se do chamado "regime militar", instaurado no Brasil em abril de 1964, e da ditadura instituída. Basicamente tenta explicar *como, por quê* e *para quê*. Deixando de lado o didatismo cronológico, aborda um tema em cada capítulo com o intuito de facilitar a compreensão global das causas e dos interesses envolvidos na questão.

A partir de 1964, a evolução política poderia seguir várias direções. Como sempre acontece, as "várias direções" confrontaram-se e venceu a corrente mais forte. Depois de encerrado o caso, fica fácil constatar a existência de caminhos melhores. Mas no calor da luta não ocorre assim. Sabe-se que para mudar a sociedade é preciso vencer algumas etapas –

há uma relativa determinação norteando a luta política. No entanto, o bem nem sempre ganha e, às vezes, o bem nem mesmo é tão bom. E o mal, quando vence, torna-se pior...

O Brasil, colonizado de modo brutal, construído com o trabalho escravo e emancipado sob o patrocínio do imperialismo inglês, herdou uma série de características comuns aos povos sul-americanos. Uma herança de miséria moral e política, de estoicismo e equívocos. Tem de pagar o seu preço.

Sem nenhuma simpatia pelos grupos políticos e militares que nos levaram a uma cruel ditadura, deve-se salientar que as Forças Armadas e os seus cúmplices civis não foram os únicos responsáveis pela catástrofe. A situação brasileira atual resulta também da nossa história, das lutas populares derrotadas ou ainda não resolvidas. Não se trata, portanto, de procurar culpados ou bodes expiatórios.

Revolução e "cisco"

A revolução brasileira está em processo. Essa afirmação envolve muita controvérsia, especialmente depois da derrocada do socialismo no Leste Europeu (1989). Assim, vamos começar com uma rápida definição de revolução – palavra odiosa para uns, romântica para outros e polêmica para quase todos. Tal definição servirá para esclarecer o que houve no Brasil em 1964.

Certamente não foi uma revolução.

Revolução é a ruptura radical da ordem estabelecida. Pode originar-se de um processo violento, de uma longa luta armada, ou até surgir de um golpe de Estado. Não é raro que venha do voto direto e democrático. Pode ser uma revolução popular, que resgate o povo da miséria social ou da opressão política. Ou, ao contrário, uma ação para subverter a ordem democrática e instalar um regime fechado e reacionário.

Os exemplos de revolução são inúmeros. Ficando só com os mais recentes, lembramos a Revolução Cubana (1959), que venceu pela luta armada e conduziu Fidel Castro ao poder; e a grande revolução do século XX, a soviética, que nasceu praticamente de um golpe de Estado em 1917, impondo-se depois por meio de uma longa guerra civil. E há revoluções originadas no voto democrático, como... o nazismo. Em 1933, Hitler e o partido nazista conquistaram o poder nas urnas e ratificaram a vontade popular, instaurando a mais patológica ditadura de todos os tempos.

Essas revoluções provocaram mudanças radicais na vida dos povos. A vitoriosa guerrilha de Fidel e Che Guevara transformou a minúscula ilha de Cuba em objeto de amor e ódio de milhões de pessoas em todo o mundo – as reformas socialistas e os justiçamentos sumários liquidaram o antigo sistema, dando novas perspectivas ao homem cubano. Na então União Soviética, enterrou-se literalmente o czarismo e promoveram-se mudanças tão profundas que o mundo nunca mais foi o mesmo depois do triunfo dos soviéticos. Fato semelhante ocorreu na Alemanha, quando a fúria desencadeada pelos nazistas extravasou as fronteiras do país e incendiou o mundo. Ironicamente, o mundo também mudou depois da derrota do nazismo e do fim do socialismo soviético.

As revoluções alteram tão radicalmente a vida das nações e dos povos que acabam por influir no destino da humanidade. Nem precisam ser, necessariamente, catástrofes políticas, pois as revoluções acontecem em todos os setores da existência dos homens e das nações.

No terreno das ideias, temos os exemplos de dezenas de nações e milhões de pessoas que baseiam sua ética em duas revoluções milenares. Há mais de 5 mil anos, Moisés revolucionou e dividiu o mundo com uma nova noção de Deus. Cerca de 3 mil anos depois, Jesus Cristo dividiu o mundo de Moisés, reinterpretando o judaísmo de modo revolucionário. Nos dois casos, o mundo mudou.

Poderíamos falar ainda das revoluções científicas – desde Aristóteles, passando por Hiparco, Ptolomeu, Copérnico, Galileu, Kepler, Newton, Darwin e outros, até Einstein –, que alteraram o rumo da história do homem. Ou de revoluções provocadas por simples feitos de coragem, como a navegação portuguesa dos séculos XV e XVI, que revelaram uma nova geografia, destruíram as bases teológicas da ciência etc.

Mas nada disso é necessário para concluir que, em 31 de março de 1964, não houve uma revolução no Brasil. Quando muito, um "cisco" na história. Um golpe civil e militar para que nada mudasse. No entanto, esse "cisco", liderado por anões políticos entre farsantes e aproveitadores, machucou fundo a alma nacional. Feriu de morte milhares de homens. Inundou o país de sofrimento.

Eis o outro lado da questão: se uma revolução acontece para mudar a vida dos homens, basta um pequeno "cisco" para que nada aconteça. O processo de "nada acontecer" sempre é traumático, porque trava artificialmente a evolução política. Exige vingança, punição, violência. Em alguns casos, os golpes políticos são contrarrevolucionários. Nem essa "honra" tivemos no Brasil. Não havia nenhum processo revolucionário em andamento – o governo deposto pretendia apenas "reformar as instituições". Com muito boa vontade, pode-se dizer que houve no Brasil uma "contrarrevolução preventiva".

Para certificar-se de que nada mudaria, os novos donos do poder tiveram de promover algumas mudanças...

Revolução e reforma

Revolução pressupõe mudanças na estrutura da sociedade, como, por exemplo, quando as transformações políticas e econômicas colocam uma nova classe no poder. O governo de João Goulart (1961-1964) não pleiteava isso: queria reformar as instituições, melhorar a vida de certas camadas da população e viabilizar alguns processos de emancipação da economia brasileira. Não tinha a intenção de quebrar, nem mesmo de leve, a hierarquia de classes. Foi um governo com um projeto reformista.

O caminho escolhido era democrático. O governo encaminhava ao Congresso as suas sugestões, que, depois, seriam votadas pelos parlamentares eleitos pelo povo. Eram as Reformas de Base.

As elites sociais, acostumadas a jamais perder privilégios, responderam violentamente. Desencadeou-se uma campanha alarmista que tachava o governo de demagógico, ditatorial, sindicalista ou comunizante. O governo, por sua vez, reagiu mobilizando o povo, defendendo em comícios as vantagens das reformas que, garantia, não alteravam a ordem democrática ou a substância da economia privada no país.

Criou-se o impasse: nem o governo sabia se conseguiria aprovar legalmente as reformas nem a reação estava certa de que poderia evitá-las sem burlar a lei. Os dois lados conspiraram.

A reação venceu com um golpe de Estado. Seu programa político, além do anticomunismo primário, apresentou – ironicamente – suas próprias reformas. O golpe de Estado de 1964 foi reformista. "Um reformismo para evitar reformas."

Esse evento revelou um sintoma clássico da tradição brasileira. Nossas "revoluções" – desde a queda da Monarquia – nunca pretenderam mudar o regime político e, menos ainda, apear uma classe do poder. As características "revolucionárias" da pequena burguesia mostram-se claramente: trocam-se os homens ou os frágeis partidos que estão no governo por meio de golpes palacianos e mesmo da luta armada, mas nunca se altera o quadro institucional. Nossas "revoluções" – na verdade, "revoluções" da pequena burguesia, em geral a reboque de forças mais altas que manobram os cordéis – são assim, acontecem sempre em nome da *legalidade*. Mudam-se os homens, mas não se toca na estrutura de poder. Nossas "revoluções" são a garantia às classes dominantes de que, por mais que se mude, tudo fica como está.

O golpe de 1964 deu aos militares um enorme poder. Se quisessem, eles poderiam fazer uma revolução de verdade. Estavam presos, porém, às características "revolucionárias" pequeno-burguesas dos nossos movimentos políticos. Ostentavam poder e força, mas aliaram-se às elites da alta hierarquia socioeconômica e "andaram para trás", enquanto uma intensa propaganda dizia que o país caminhava para um grande futuro...

Talvez tenham sido excessivas essas explicações. Mas é bom situar os fatos. Agora, vamos encará-los.

1. Os presidentes da contradição

A incapacidade dos políticos de superar as contradições da sociedade brasileira abriu o caminho para o golpe. As reformas propostas pelo presidente João Goulart – especialmente a Reforma Agrária – assustaram a classe média, e a direita estimulou a tendência dos militares para uma solução de força.

As incoerências de Jânio

Jânio Quadros foi eleito presidente da República em 1960 e tomou posse em 31 de janeiro do ano seguinte. Seu vice, João Goulart, chegou ao poder pela chapa comandada pelo Partido Trabalhista Brasileiro (PTB[1]), que indicava o marechal Lott à Presidência. Sem apelo popular, Lott tinha uma derrota previsível. Mas a seu lado estavam as forças populistas e de esquerda, respeitáveis mananciais de votos.

Embora indiscutível campeão das urnas, Jânio Quadros também se encontrava em situação desconfortável: concorria por uma corrente política impopular e tradicionalmente perdedora, liderada pela União Democrática Nacional (UDN). Para vencer, teria de conquistar votos

[1] Todas as siglas que aparecem ao longo do texto estão relacionadas no fim do livro com seus respectivos significados.

"nacionalistas" ou "populistas" do adversário. A solução encontrada foi uma espúria "dobradinha" com João Goulart. Este, por sua vez, ante a iminência de perder as eleições caso permanecesse fiel à candidatura Lott, estimulou a "dobradinha" Jan-Jan (Jânio e Jango – este último, nome de guerra de João Goulart).

Esse arranjo tornou-se possível graças ao "jeitinho" de as elites brasileiras caçarem votos. Na época, a legislação permitia essas alquimias eleitorais: votar no candidato a presidente de uma chapa e escolher para seu vice o de outra[2].

Eleito, Jânio Quadros não demorou a desgostar as forças políticas de direita que o apoiaram, em especial as da UDN. Apesar de constituir um Ministério comprometido com os grupos multinacionais – ou imperialistas, como se dizia mais claramente naquele tempo –, ensaiou algumas medidas de independência que incomodaram certos setores.

Seus ministros da área econômica eram Clemente Mariani, ligado ao Grupo Morgan; Artur Bernardes Filho, envolvido com o Grupo Mellon; e Válter Moreira Sales, íntimo do Grupo Rockefeller. Esses nomes indicavam que o seu governo seria subserviente à política financeira do grande capital norte-americano e isso tranquilizava a direita brasileira. Aliado ao grande capital, Jânio tinha pruridos demagógicos e nacionalistas para impressionar o povo.

Política externa e renúncia

A política externa de Jânio foi um exemplo. Defendeu com vigor o direito de autodeterminação de Cuba, no momento exato em que os

[2] A lei mudou, mas o hábito permanece. Vejam, por exemplo, as "afinidades" políticas dos últimos presidentes e de seus vices: Tancredo Neves e José Sarney, Fernando Collor e Itamar Franco, Fernando Henrique Cardoso e Marco Maciel, Luís Inácio Lula da Silva e José Alencar, Dilma Rousseff e Michel Temer ou, durante a ditadura militar, Emílio Garrastazu Médici e Pedro Aleixo, João Baptista Figueiredo e Aureliano Chaves...

Estados Unidos precisavam de aliados – principalmente do Brasil – para liquidar o regime cubano. Usou e abusou do discurso de independência, conquistando o respeito pela soberania da sua política externa.

Não ficou só nas palavras: reatou relações diplomáticas com os países do Leste Europeu; mandou representantes às conferências do Cairo e de Belgrado, defendendo posições hostis aos Estados Unidos; e, talvez o mais importante, apoiou o ingresso da China Popular na Organização das Nações Unidas (ONU).

Com o presidente Frondizi, da Argentina, tentou formar uma frente para resistir à ingerência dos Estados Unidos na política dos países sul-americanos. Recusou as pressões de enviados do governo norte-americano (Adolf Berle e Moors Cabot) para "amenizar" a sua política externa. Convidou o então governador do Rio Grande do Sul, Leonel Brizola (na época, uma espécie de "demônio" para a direita), para integrar a missão brasileira na Conferência de Punta del Este. Defendeu a libertação dos povos africanos, opondo-se à política imperialista de Portugal, apoiada pelos Estados Unidos. Finalmente, condecorou o astronauta soviético Yuri Gagarin e, culminando, fez o mesmo com Che Guevara, o símbolo da Revolução Cubana.

Parecia um governo de esquerda...

Dono de uma personalidade controversa e ignorando acintosamente a influência dos partidos, Jânio logo perdeu o apoio político que deveria sustentá-lo no governo. A reação foi fulminante e imediata. Em um lance digno de ópera-bufa, Carlos Lacerda, governador do então estado da Guanabara e arauto da direita, vingou-se da condecoração a Che Guevara homenageando Tony Varona, o líder (ou que se apresentava como tal) da contrarrevolução cubana.

O resto da história já é bastante conhecido e Jânio Quadros não constitui o tema deste livro. A desestabilização do seu governo aconteceu vertiginosamente. Comandada pelo udenista Carlos Lacerda, a direita abateu-se sem piedade sobre Jânio Quadros. Enredado nas suas contradições, instável emocionalmente e incapaz de articular um núcleo político para apoiá-lo, Jânio renunciou à Presidência sete meses depois da posse. Até hoje se discute se a sua atitude teria sido uma tentativa fracassada de golpe: ao apresentar o seu pedido de demissão, esperava que não o aceitassem e lhe oferecessem plenos poderes, e ele, então, assumiria como ditador. Por enquanto, nada se pode afirmar seguramente sobre isso.

O fato é que Jânio Quadros renunciou. E o vice, João Goulart, mesmo sem ter afinidade política ou pessoal com o renunciante, era visto ainda com mais desconfiança pelos que, supostamente, haviam forçado o presidente a abandonar o cargo.

Goulart: o veto e a posse

Jânio Quadros renunciou em 25 de agosto de 1961. No dia seguinte, os ministros militares[3] vetaram a posse do vice-presidente João Goulart, que estava em missão oficial na China Popular. O plano militar, insuflado por um primário anticomunismo liderado pelo governador Carlos Lacerda, previa uma eleição indireta, com a finalidade de levar um general ao poder. O senador Jeferson Aguiar enviou ao Senado uma emenda constitucional propondo eleições indiretas e impedindo a posse de Jango.

Mas a manobra golpista não deu certo. A Câmara dos Deputados, em sessão permanente desde a renúncia, negou-se a receber a emenda. Os conspiradores não conseguiram articular um golpe que obstruísse legalmente a investidura do vice.

[3] Os ministros militares eram o brigadeiro Gabriel Grün Moss (Aeronáutica), o general Odílio Denis (Guerra) e o almirante Sílvio Heck (Marinha).

Enquanto isso, o então presidente da Câmara, o deputado Ranieri Mazili, exercia interinamente a Presidência da República, conforme determinava a Constituição, no caso da ausência do presidente e do vice. Mas Ranieri Mazili enviou ao Congresso uma mensagem endossada pelos ministros militares, afirmando que era desaconselhável, "por motivos de segurança nacional", que Goulart voltasse ao Brasil.

A maioria dos deputados e senadores posicionou-se contra o veto. Uma intensa mobilização popular varreu o país: nas ruas e nos sindicatos aconteceram manifestações de apoio ao cumprimento da Constituição e, consequentemente, à posse do vice-presidente. Mas os ministros militares ameaçaram fechar o Congresso, caso os políticos não encontrassem uma saída "legal" para impedir a posse de Goulart.

No Rio Grande do Sul, o então governador Leonel Brizola liderou a campanha em favor da posse. O III Exército, comandado pelo general Machado Lopes, aderiu a Brizola. No resto do país, a indefinição das guarnições militares deixava clara a falta de condições favoráveis a um golpe dos ministros. A direita e os três ministros ficaram isolados. Setores da grande burguesia – as chamadas "forças produtivas", ou seja, o grande empresariado – buscaram uma solução conciliatória.

Na análise dos conservadores, um confronto naquela ocasião teria consequências imprevisíveis. Moralmente, a nação colocou-se ao lado de João Goulart. Mesmo os que não o viam com simpatia repudiavam a quebra do processo democrático e a violação da Constituição.

Resistência popular

A resistência popular ao veto mostrou-se decisiva. E Leonel Brizola desempenhou um papel fundamental nesse processo. Abriu o Palácio Piratini – sede do governo gaúcho – ao povo. Praticamente transformou a milícia estadual em uma força revolucionária. Montou uma rede radiofônica que transmitia notícias para todo o Brasil a partir de Porto Alegre. A atuação firme e decidida de Brizola levou até mesmo o general Machado Lopes a permanecer ao lado da legalidade. Caso o III Exército se aliasse aos ministros militares, certamente eclodiria uma guerra civil no Rio Grande do Sul – o pavor de uma "luta fratricida" tem sido o mais forte argumento para as conciliações políticas no Brasil.

Nesse meio tempo, João Goulart viajava de volta para o Brasil, fazendo escalas em diversos países. Nas paradas, contatava por telefone as lideranças do seu partido, preparando o caminho para a Presidência da República. Auxiliava-o a mística do seu passado político. Pupilo e ex-ministro do Trabalho de Getúlio Vargas, havia patrocinado um ousado aumento de 100% para o salário mínimo; apoiou sindicatos e sindicalistas de modo paternal e clientelista; e o seu discurso sempre representou um aceno de esperança, geralmente demagógico, às classes trabalhadoras. A situação crítica do país potencializava essa imagem. Ele era aclamado nas manifestações de rua como um novo "pai dos pobres", o herdeiro de Getúlio Vargas.

Tornava-se cada vez mais difícil concretizar um golpe contra a Constituição e a vontade popular, contra a maioria do Congresso e um homem que o primarismo dos golpistas transformara em símbolo da legalidade.

Para entender melhor a situação, ainda é preciso esclarecer um ponto: na época, o jovem Leonel Brizola exibia uma postura bem mais radical do que a própria esquerda gostaria. Era um incendiário, um caudilho ao lado do povo. Sua oratória inflamada e nacionalista sempre empolgava a multidão. Cerca de 500 mil voluntários gaúchos atenderam a seu apelo e apresentaram-se nos jardins do Palácio Piratini para defender a posse de João Goulart – vieram armados de garruchas, revólveres e facões.

Foi nesse ambiente de conchavo nas altas esferas políticas e de delírio popular (especialmente no Rio Grande do Sul, mas não desprezível nos grandes centros, como São Paulo e Rio de Janeiro) que João Goulart chegou ao Brasil, vindo do Uruguai.

A resistência da população gaúcha ao golpe, ficando ao lado do seu governador, não aconteceu sem riscos. Antes de posicionar-se pela legalidade, o general Machado Lopes recebeu ordens dos ministros militares para invadir o Palácio Piratini, que seria bombardeado por aviões. Desde o primeiro instante dessa ameaça, a multidão que apoiou a Campanha da Legalidade – como o movimento ficou conhecido – não cessava de aumentar nos arredores do palácio. Tratava-se de um desafio: se o III Exército ficasse contra a legalidade, precisaria enfrentar os manifestantes; assim, se os aviões atacassem o palácio, teriam de despejar as suas bombas sobre o povo gaúcho.

Nesse clima de excitação e civismo, João Goulart desembarcou no aeroporto de Porto Alegre. Foi saudado entusiasticamente durante todo o trajeto até o palácio. Lá chegando, dirigiu-se de imediato à sacada para discursar. A multidão vibrou. Mas ele não correspondeu ao entusiasmo popular.

Conciliação e parlamentarismo

Durante esse tempo, as elites econômicas e as lideranças políticas continuavam buscando uma solução para a crise. Evidentemente, procuravam uma saída que eliminasse o confronto. O resultado foi a proposta de um regime parlamentarista. Assim, Jango tomaria posse, mas teria os seus poderes vigiados pelos parlamentares. Os dois lados ficariam satisfeitos.

Os aliados mais radicais de João Goulart, com Brizola à frente, repudiavam qualquer outro caminho que não o da legalidade: queriam a posse pura e simples como mandava a Constituição. Acreditavam que tinham forças suficientes para organizar uma caravana político-militar do Rio Grande do Sul a Brasília. Contavam receber apoio político e popular de todos os pontos do país.

Por isso, a primeira aparição de João Goulart ao povo, na sacada do Palácio Piratini, foi uma frustração – esperava-se que ele manifestasse a firme decisão de não abrir mão dos seus direitos constitucionais; mas Jango recuou.

Na ocasião, muitos dos seus aliados concluíram que ele tinha se acovardado, o que é uma interpretação simplista. Apesar de seu estilo populista e de alinhar-se tradicionalmente às reivindicações populares e nacionalistas, João Goulart era latifundiário, um rico criador de gado com sólidas raízes na sua condição de classe. De personalidade tranquila, destacava-se como um conciliador nato. As diferenças pessoais e de classe entre ele e o seu cunhado Leonel Brizola estimulam o julgamento mais severo de Jango. Ao contrário de Brizola, que na época apostava todo o seu futuro político na luta, João Goulart preferia alcançar suas metas pelo caminho mais seguro da conciliação.

Em pouco tempo, Jango aceitou o parlamentarismo. Entregou-se às articulações de políticos como Tancredo Neves, que negociou sua posse com o parlamentarismo, em vez de atender o povo e, com isso, arriscar-se a perder a Presidência.

O medo das reformas

O governo João Goulart interessa-nos porque esclarece o golpe de 1964. Deixaremos de lado muitos dos seus aspectos – por exemplo, a luta política de Jango pelo fim do parlamentarismo –, para destacar algumas das características que provocaram ou serviram de pretexto para o golpe.

A marca principal do governo Jango foram as tentativas de reformas. Quando ele chegou à Presidência, o Brasil tinha 80 milhões de habitantes e 15 milhões de eleitores. Ou seja, mais de 80% da população não votava. Com a televisão ainda incipiente e a imprensa bastante regionalizada, a maioria do povo não tinha acesso às informações e mantinha-se despolitizada. Apenas nas grandes crises que abalavam o país surgia um esboço de participação. João Goulart começou a governar em um desses momentos de comoção.

As circunstâncias em que tomou posse e a reação quase histérica a seu governo despertaram o povo para a política. O presidente respondeu, então, apresentando as Reformas de Base. Em um país miserável, com estruturas políticas anacrônicas, economia estrangulada e privilégios aparentemente eternos das elites, sua proposta entusiasmou grande parcela da população. A aliança com a esquerda, sindicalistas e intelectuais e a figura simpática e cordata de Jango serviram para popularizar ainda mais o governo. A oposição, à beira do histerismo conspirativo, contribuía como contraponto ideal para demarcar as posições.

As Reformas de Base abarcavam quase toda a sociedade. Existiam planos para as áreas eleitoral, administrativa, tributária, urbana, bancária, cambial, universitária e, certamente a mais polêmica, a agrária. No entanto, seria ingenuidade esperar medidas efetivas ou radicais para atenuar a crise social brasileira. Afinal, tratava-se de um governo de conciliação, liderado por um latifundiário que, no máximo, poderia ser classificado de "humanista social-democrata". O crescimento das forças de esquerda que se aliaram ao governo e a sua influência na condução do projeto político, praticamente forçando a caminhos que desagradavam a Jango, são questões que veremos adiante.

Mas, mesmo "no papel", ainda em projeto, as reformas do presidente assustavam as elites. Por exemplo: havia no Rio de Janeiro 40 mil apartamentos vazios que os donos se recusavam a alugar, aguardando a liberação dos aluguéis. A Reforma Urbana propunha, entre outras medidas, a desapropriação dos imóveis excedentes desocupados. Cada proprietário poderia ter um número determinado de imóveis, sendo o excedente desapropriado e entregue a novos donos, que o pagariam com o financiamento do Estado. Evidentemente, o governo João Goulart não dispunha de apoio político suficiente para conseguir tal façanha. Mas é fácil avaliar o pânico gerado entre proprietários e especuladores e, por outro lado, a simpatia dos despossuídos em relação à Reforma Urbana.

Já a Reforma Bancária previa a nacionalização de todos os bancos estrangeiros e a participação dos bancários na sua direção. Mas a proposta que mais sensibilizou a nação e irritou as elites sociais – e religiosas – foi a Reforma Agrária. Não vamos nos aprofundar no conteúdo do projeto agrário do governo João Goulart. Embora existissem estudos detalhados para sua implantação, o mais importante é verificar as reações despertadas por seu simples anúncio. A mera divulgação de que o projeto de Reforma Agrária estava sendo remetido ao Congresso praticamente derrubou o presidente João Goulart.

As reformas dividem o país

O contexto era de intensa agitação política. Em março de 1964, o confronto foi para as ruas e assumiu contornos nítidos. De um lado estava o governo, apoiado pelos nacionalistas e pelas esquerdas, esperançoso na força do povo e confiante na capacidade de manipulação dos sindicatos. Do outro, juntaram-se as elites econômicas e a direita política, patrocinadas pelo capital estrangeiro. No meio, mas pendendo cada vez mais para a direita, encontrava-se a classe média: os seus setores mais politizados alinhavam-se com a política reformista; os mais conservadores, temendo a comunização do país, aceitavam a retórica da

Igreja e a propaganda direitista. Os militares seriam o fiel da balança.

Os sinais de que a direita preparava um golpe intensificavam-se e, a cada dia, a situação do governo parecia mais insegura. João Goulart lançou sua sorte convocando um grande comício para o dia 13 de março de 1964 – esperava conquistar o povo com a proposta de um novo país.

O comício, realizado no Rio de Janeiro e transmitido por rádio e televisão para toda a nação, foi um extraordinário sucesso popular. João Goulart, em pleno palanque, ao lado de sua mulher e dos governadores Leonel Brizola e Miguel Arraes, assinou os projetos da Reforma Agrária e da nacionalização das restantes refinarias de petróleo estrangeiras.

A sua Reforma Agrária considerava passíveis de expropriação as propriedades rurais improdutivas de mais de 500 hectares localizadas a até 10 quilômetros das margens das rodovias e ferrovias. Também enquadrava as propriedades de 30 hectares situadas num raio de 10 quilômetros a partir das represas federais.

Em um discurso candente, Jango pediu a Reforma da Constituição, que julgava anacrônica "e legalizava uma estrutura econômica injusta e desumana". Os aplausos aumentaram quando Leonel Brizola tomou a palavra. Ele disse que o Congresso perdera a legitimidade e traíra o povo. Sugeriu a convocação imediata de um novo Congresso, formado por "camponeses, operários, sargentos e oficiais nacionalistas".

O desafio às forças conservadoras chegou ao limite: João Goulart propôs, e Brizola ratificou, um plebiscito urgente, caso não fossem aprovadas as Reformas de Base. Se os políticos da Câmara Federal e do Senado demorassem a sancioná-las, o povo decidiria, ignorando o Congresso.

Logo após o discurso do dia 13, o país foi invadido por manifestações populares e sindicais em apoio ao presidente. No dia 15 de março daquele ano, os projetos de João Goulart chegaram ao Congresso, com o aval (segundo ele pensava e informou aos parlamentares) dos ministros militares.

O processo se radicaliza

A radicalização do processo político caminhou rapidamente. O Comando Geral dos Trabalhadores (CGT) deu um ultimato ao Congresso: ou as reformas eram aprovadas até o dia 20 de abril ou haveria greve geral no Primeiro de Maio. Além disso, lançou uma campanha popular pela moratória da dívida externa.

Quem assistiu ao comício, no Rio de Janeiro ou mesmo pela televisão, teve a impressão de que o governo agia com força total, estava certo do que fazia e contava com amplo apoio popular. O entusiasmo das 200 mil pessoas que aplaudiram as reformas e a esperança de milhões de brasileiros indicavam, naquele momento, que o país encontrara o caminho da mudança social.

O discurso de João Goulart era claro. Dizia-se inconformado, por exemplo, com o fato de uma estrada como a Rio-Bahia, com 800 quilômetros asfaltados, beneficiar "os latifundiários, pela multiplicação do valor de suas propriedades", e não o povo. Nesse caso específico, sua proposta consistia na expropriação de 10 quilômetros das suas margens para doação aos sem-terra, denominação que ainda não existia. João Goulart não deixava dúvidas quanto às terras visadas pelo projeto:

> É claro que não poderíamos começar a Reforma Agrária, para atender aos anseios do povo, nos estados do Amazonas ou do Pará. A Reforma Agrária deve ser iniciada nas terras mais valorizadas e ao lado dos grandes centros de consumo, com transporte fácil para o seu escoamento.

Evidentemente, essa postura despertou a fúria dos latifundiários que dominavam os currais eleitorais e dos partidos políticos mais importantes.

Ao lado desse desafio, lançou outros igualmente explosivos, como a Reforma Eleitoral, concedendo direito de voto aos analfabetos e aos soldados, incomodando assim tanto as elites políticas como a hierarquia militar. Acenava ainda com a Reforma Universitária, acabando com a vitaliciedade da cátedra. Também inquietante para os conservadores era a Reforma da Constituição, que, entre outras inovações, conferia poderes ao presidente da República para legislar. E, por fim, como já vimos, o estabelecimento do plebiscito popular, dando ao povo – empolgado com o populismo de Jango – o direito de referendar as reformas se o Congresso as emperrasse.

Burguesia contra reformas burguesas

As Reformas de Base estavam bem longe de "socializar" ou "comunizar" o país. Na verdade, pretendiam agilizar o capitalismo brasileiro, proporcionando-lhe condições de desenvolvimento com maior participação do povo no produto final. A Reforma Agrária, por exemplo, tinha caráter nitidamente burguês, pois o próprio sistema lucraria com ela, graças à ampliação do mercado interno. Em última análise, privilegiava a propriedade privada: apenas 2% da população possuía terras e, desses 2%, quase 60% eram latifundiários. No parecer do governo João Goulart, essa má distribuição da propriedade da terra acarretava baixíssima produtividade.

Em resumo: a Reforma Agrária de Goulart não era anticapitalista nem agredia o direito à propriedade. As fazendas produtivas, por exemplo, não seriam tocadas. A forma de pagamento das terras expropriadas não previa qualquer "confisco": seriam utilizados títulos públicos de valor reajustável. E, principalmente, se a Reforma Agrária fosse realizada, o número de proprietários de terras subiria de 3,35 milhões para cerca de 10 milhões. Assim, considerando que a expropriação estava prevista apenas para as terras improdutivas ou inexploradas, o governo agia dentro da lei, atendendo ao princípio consagrado no direito brasileiro de que "o uso da propriedade é condicionado ao bem-estar social".

Mas, se hoje essas observações parecem tranquilas, naquele momento causaram muita polêmica e comoção. É preciso entender a tradição nacional e o modo como se empregava a posse da terra. No Brasil, raras vezes a terra foi explorada para produzir alimentos ou produtos agrícolas – representava mais uma garantia de poder político e econômico. Em um país de herança escravista e colonial e de enormes latifúndios, usava-se a terra como aval do poder e meio para obter, junto aos órgãos oficiais, empréstimos a longo prazo com juros irreais e baixíssimos. O poder político garantia privilégios aos donos de terras: além de os empréstimos serem desviados para outras atividades especulativas, financeiras e até para investimentos na indústria, frequentemente não eram pagos. Os latifundiários conseguiam moratórias que, devido à inflação, depreciavam as dívidas e, não raro, obtinham o perdão puro e simples dos seus débitos.

Portanto, a oposição à Reforma Agrária não acontecia porque o capitalismo ou a burguesia se sentiam ameaçados como sistema econômico e social. Mas, principalmente, porque ela liquidaria uma base de poder político, enterrando por completo, pelo menos na visão governista de então, o que restava do coronelismo no Brasil, especialmente nas regiões mais atrasadas do Norte-Nordeste e em Minas Gerais – por coincidência, locais que contribuíam com o maior número de caciques políticos.

A burguesia financeira e industrial, por sua vez, aderiu a essa posição retrógrada por recear alterações no modelo de economia dependente brasileiro – as reformas incluíam, também, a nacionalização de vários setores, o que provocaria uma guinada nacionalista na política externa e no relacionamento com o capital norte-americano. Ora, essa burguesia estava aliada aos interesses externos e satisfeita com seus privilégios. Portanto, uniu-se ao coro que denunciou João Goulart como um irresponsável agente do "comunismo mundial" ou, quando mais moderada nas críticas, como fomentador de uma "república sindicalista".

Se nos transpusermos aos jogos de interesses da época e à emoção daquele momento, é fácil compreender tanto o trauma vivenciado no Brasil após o discurso do dia 13 de março de 1964 quanto a queda do governo, dezoito dias depois.

O golpe vai começar

O comício provocou reações imediatas. Avaliando suas consequências, João Goulart disse ao jornalista Antonio Callado que o "máximo que pode me acontecer é ser deposto. Não renunciarei nem me suicidarei". Referia-se, logicamente, à renúncia de Jânio Quadros e ao suicídio de Getúlio Vargas. No entanto, se Jango conhecia a extensão do perigo que seu mandato corria, não pesou bem sua capacidade de resistência. Convicto de obter amplos poderes do Congresso, João Goulart sabia que as oligarquias se insurgiriam contra ele, mas não acreditava que o deporiam: "(...) nada me acontecerá porque meu dispositivo militar é excelente. Assis Brasil [chefe do Gabinete Militar] me garantiu que, ao meu comando, o Exército me seguirá. (...) governarei somente com o apoio do povo". Veremos o quanto ele e o seu chefe do Gabinete Militar estavam enganados.

Havia um ponto a favor de João Goulart: seus principais inimigos (Carlos Lacerda, Magalhães Pinto e Ademar de Barros, governadores respectivamente da Guanabara, de Minas Gerais e de São Paulo, além do presidente Juscelino Kubitschek) eram potenciais candidatos à Presidência. Eles não tinham – a princípio – interesse na quebra do processo democrático. Queriam que João Goulart terminasse seu mandato para que fosse possível a eleição em 1965. Mas, após o comício, entenderam que o presidente atropelava a Constituição, que se preparava para "governar com as massas" e que as eleições estavam comprometidas. Então, ao pânico das oligarquias pelas reformas juntou-se o medo dos candidatos à Presidência de perderem suas chances.

A reação mais direta partiu de Magalhães Pinto, que ostensivamente preparava a milícia estadual mineira para resistir a um eventual golpe de João Goulart. No dia 20 de março de 1964, Magalhães Pinto leu um manifesto na televisão, avisando que, se houvesse "uma revolução comandada de cima", Minas Gerais reagiria prontamente. O governador mineiro não ficou apenas no manifesto. Para exemplificar a desenvoltura com que se preparava a queda de Jango, basta lembrar que no dia 21 daquele mês Magalhães Pinto assinou um "tratado" com o governador do Espírito Santo, Lacerda de Aguiar. O documento dava-lhe o direito de usar o porto de Vitória e as ferrovias capixabas para transportar armas e mantimentos a Minas Gerais, se o seu estado se declarasse em guerra contra o governo federal. Magalhães Pinto conspirou abertamente. Declarou a jornalistas e políticos não acreditar que as eleições de 1965 se realizassem e previu uma guerra civil de três meses.

No mesmo dia em que Magalhães Pinto lançou seu manifesto, o governador de São Paulo, Ademar de Barros, fez o mesmo. Falou na televisão durante três horas contra o comunismo e sobre os ataques à Virgem Maria atribuídos aos "comunistas de Goulart". Fez demonstração de força, afirmando que a milícia paulista tinha 30 mil homens, o dobro das tropas do Exército no estado de São Paulo.

A imprensa vai ao ataque

A inércia do governo federal revelava sua fragilidade: mostrou-se incapaz de punir os governadores ou de reagir à altura. Os jornais, que até então atacavam a política de João Goulart, mas mantinham um certo decoro em relação à figura do presidente, passaram a agredi-lo violentamente. Referiam-se às reformas como "ameaças" de subversão e os editoriais pediam abertamente aos militares que interferissem na política, às vezes exigindo até a deposição de João Goulart.

O fato de o presidente da República apresentar em praça pública um programa de reformas, que seria referendado pelo Congresso de acordo com a Constituição, foi criticado como crime político. O preconceito contra o povo estava tão arraigado nas elites que o apelo do presidente à participação popular era intolerável.

Dois dias depois do comício, um dos principais órgãos da imprensa brasileira da época, *O Jornal*, do Rio de Janeiro, publicou em editorial que o Exército não devia obediência ao governo. O texto dizia que ninguém "é obrigado a acatar ou obedecer a uma ordem abusiva, muito menos a dar proteção àqueles que desafiam e infringem as leis e que fazem agitações numa praça pública em favor de uma revolução comunista".

Para *O Jornal*, João Goulart havia desrespeitado o Congresso (quando na verdade encaminhara seus projetos de reformas aos parlamentares). Então, caberia às Forças Armadas defender o Congresso, protegendo-o do presidente. "As Forças Armadas não cumpriram esse dever no comício do dia 13", afirmava o editorial. Essa era a tônica de quase todos os grandes jornais.

As violentas reações ao comício acabaram sufocando o entusiasmo popular. Uma ampla campanha anticomunista, divulgada pela televisão e em jornais, assustou a classe média. Tudo acontecia às claras. Os militares romperam de vez a tênue "neutralidade" que vinham demonstrando. A posição dos chamados "grandes políticos", condenando abertamente João Goulart, e a pressão da imprensa uniram as Forças Armadas em "defesa da legalidade". Quase uma centena de generais reformados assinou um manifesto, declarando que os militares tinham o dever de defender o presidente apenas "dentro da lei". No dia 22 de março, esse documento surgiu em alguns jornais, com um aviso claro: "As Forças Armadas deixam de ser obrigadas a preservar e garantir o governo".

Adiante veremos como a conspiração cresceu rapidamente. Mas antecipamos que mesmo o general Castelo Branco, chefe do Estado-Maior das Forças Armadas e suposto homem de confiança do governo, fez circular um manifesto entre os oficiais, preparando o Exército para "cumprir o papel histórico das Forças Armadas". Castelo Branco foi a peça-chave do golpe.

O comício do dia 13

Hoje, ficam claras a fragilidade do governo naquela ocasião e, em termos de estratégia de sobrevivência política, a inoportunidade do comício do dia 13. Mas é fácil julgar os fatos depois que eles já aconteceram. Na hora da ação, em situação crítica e sob um governo contraditório como o de João Goulart, as aparências enganam. Trata-se menos de incompetência política e mais do envolvimento dramático pelo momento histórico, quando os participantes não possuem um aparato teórico de análise.

O comício do dia 13 não teve um planejamento cuidadoso. Não havia um consenso sobre se ele deveria ser realizado, e de que forma, nem mesmo sobre quem estaria no palanque ao lado do presidente. Uma das grandes discussões táticas foi a conveniência ou não da presença de Leonel Brizola, cada vez mais radical e distante das posições de João Goulart. Decidiu-se pelo comparecimento de Brizola com a condição de que ele discursasse dentro de certos limites. Mas ele se empolgou com os aplausos e abandonou a cautela, fazendo declarações explosivas.

O discurso de Brizola induziu o presidente João Goulart (que falou em seguida) a ser mais enérgico no seu pronunciamento. Brizola declarou que, após a nacionalização das refinarias e a criação da Superintendência da Reforma Agrária (Supra), "neste país será desencadeada a violência. Devemos, pois, organizar-nos para defender nossos direitos. Não aceitaremos nenhum golpe, venha de onde vier. O problema é de mais liberdade para o povo".

Assim, como se não bastassem as medidas concretas anunciadas pelas reformas, ao sugerir pressão popular sobre o Congresso, Brizola deu aos golpistas o pretexto de que precisavam. A partir daí, eles passaram a argumentar, junto aos indecisos, que se tramava uma sangrenta "revolução comunista".

A inércia depois do comício

Depois do dia 13, era de se esperar que o governo se preparasse contra o previsível golpe. No entanto, João Goulart manteve inalterada a sua equipe, majoritariamente comprometida com a velha política oligárquica. Um dos participantes daquele momento histórico, o escritor Paulo Schilling, assessor dos projetos da Reforma Agrária e conhecedor dos homens que formavam o bloco governista, registra no seu livro *Como se coloca a direita no poder*:

> Depois de um ato público daquele tipo e envergadura, o governo tinha de preparar-se febrilmente para a reação inevitável: das forças antipopulares e antinacionais. Era preciso mudar imediatamente todos os comandos militares suspeitos, colocando oficiais marcadamente progressistas, embora tivesse de buscá-los na reserva, nos postos-chave.

> Em seguida, modificar o Ministério e o chamado "segundo degrau", afastando todos os elementos comprometidos com o imperialismo e com os setores mais reacionários da oligarquia, substituindo-os pelos elementos mais autênticos de que as forças populares dispunham. Era preciso anular todas as transferências e castigos impostos aos sargentos e demais subalternos, criando condições para que estes pudessem dar apoio ao governo.

Resta saber se o governo teria condições de realizar isso. A verdade é que nada foi feito: Jango ficou na expectativa. Apesar do aparente apoio popular, o seu governo estava realmente fraco. E sucumbiu.

Mais tarde, as esquerdas criticaram severamente o presidente João Goulart. Questionou-se até se ele realmente desejava as reformas. Sua origem de classe e seus métodos políticos, além do modo vacilante de encaminhar soluções, despertaram as suspeitas de muita gente que o apoiava ou se juntou ao governo. Paulo Schilling faz uma síntese dessa desconfiança:

> Se Goulart tivesse querido efetivamente as reformas, em particular a agrária, bastaria que tivesse utilizado sua influência para ganhar o voto da bancada "fisiológica". Esses votos, somados aos dos parlamentares progressistas, mais a pressão popular sobre o Congresso (por que não?) e das próprias Forças Armadas, quando o esquema militar ainda não havia se deteriorado, teriam sido mais que suficientes para eliminar os obstáculos constitucionais que impediam uma reforma agrária radical.

Essa afirmação baseia-se na análise da Constituição vigente, de 1946, que previa a desapropriação de terras por interesse social. Reforça-se com o argumento de que João Goulart poderia acatar o conselho de Leonel Brizola para explorar os "vazios" jurídicos, agindo primeiro e legalizando depois. No entanto, se houvesse uma ação mais efetiva do governo, a reação seria também mais forte...

Crise econômica e militar

Se o comício do dia 13 de março de 1964 foi o ponto culminante do governo João Goulart, desencadeando a reação aberta, outros fatores contribuíram para seu enfraquecimento.

A situação econômica agravou-se com a renúncia de Jânio Quadros: em 1959, a inflação chegou a 29%; em 1960, aumentou para 33,3%; e, em 1961, atingiu 52,3%, índice extraordinário para a época. Embora houvesse expansão da economia, também existia desemprego, e muitas greves marcaram o ano em que João Goulart assumiu.

Jango não soube encontrar uma saída para a crise. Ao contrário. Contra todas as expectativas de um governo nacionalista, acatou as normas do Fundo Monetário Internacional (FMI). Usando uma retórica progressista, incorporou a seu Plano Trienal as exigências do FMI para conter a inflação. Resultado? Recessão, desemprego e nenhuma recuperação dos índices inflacionários.

A política econômica era responsabilidade de San Tiago Dantas, acusado pela esquerda – até pela que apoiava João Goulart – de "ser homem do FMI". As medidas de Dantas, entre elas o fim dos subsídios para a importação de petróleo e de trigo, provocaram alta no custo de vida. O quadro agravava-se a cada dia: greves, carestia, polêmicas quanto às reformas e, para completar, rebeliões de sargentos e marinheiros, que desestabilizaram a base militar do governo.

Em 12 de setembro de 1963, por exemplo, estourou em Brasília a rebelião de sargentos e cabos da Aeronáutica, Exército e Marinha. Desde maio, os oficiais do Exército vinham denunciando que os sargentos estariam ligados aos sindicatos, preparando uma "chacina" para abrir caminho à revolução comunista. Na verdade, sargentos e cabos revoltaram-se contra uma decisão do Supremo Tribunal que lhes negara o direito de candidatarem-se ou de "ocupar funções legislativas".

A rebelião foi fulminante. Sargentos e cabos sequestraram o presidente da Câmara dos Deputados, um juiz do Supremo Tribunal e alguns oficiais; em seguida, ocuparam pontos estratégicos de Brasília. Mas não passaram disso: em menos de doze horas, abafou-se o movimento. Jango não tomou as medidas punitivas exigidas (ou esperadas) pela cúpula militar. Apenas declarou que a rebeldia não passara de uma explosão emocional, porque os sargentos e cabos haviam sido privados dos direitos eleitorais que consideravam justos. Mesmo assim, alguns sargentos sofreram perseguições e acabaram transferidos para guarnições nos mais distantes pontos do país. Muitos desses sargentos faziam parte de um "dispositivo militar brizolista", e, com tais transferências, Jango contribuíra para desmontar uma das raras forças que poderiam ajudá-lo na crise que se aproximava.

A hierarquia militar entendeu a "fraqueza" do presidente como apoio aos sargentos e uma busca de sustentação nos "quadros baixos" da tropa. Existe ainda uma hipótese que atribui a rebelião dos sargentos a agentes provocadores, que pretendiam jogar os soldados contra os oficiais e estes contra o presidente, com o intuito de desestabilizar o governo.

A revolta dos marinheiros

Houve ainda outra rebelião, protagonizada pelos fuzileiros navais. Sua situação parecia bem dura: reclamavam da falta de liberdade, da truculência dos oficiais e da péssima comida. Entre o final de 1963 e o começo de 1964, aconteceram várias greves de fome nos barcos da Marinha. Uma espécie de agremiação, a Fuzinauta, a pretexto de alfabetizar a marujada, também ministrava cursos de "cultura política". Essas aulas eram complementadas por programas radiofônicos recheados com comentários de Leonel Brizola.

Os oficiais tentaram proibir os marinheiros de frequentar os cursos da Fuzinauta. Estes desafiaram a hierarquia, inscrevendo-se em massa na agremiação. Fizeram uma opção política: alinhavam-se com o governo, seguindo Leonel Brizola, em confronto direto com a oficialidade.

Nesse clima, em 26 de março de 1964 (ou seja, cinco dias antes do golpe), os fuzileiros navais reuniram-se na sede do Sindicato dos Metalúrgicos, no Rio de Janeiro. O objetivo era comemorar o aniversário da sua corporação com um ato político. Compareceram líderes sindicais, estudantis e políticos, destacando-se a figura lendária do marinheiro João Cândido, líder da famosa Revolta da Chibata[4] e símbolo da luta dos oprimidos dentro da Marinha. Nesse encontro, sobressaiu-se o cabo Anselmo, que discursou em defesa das reformas e acusou o comando militar de golpista. Soube-se depois que ele era um agente provocador ligado à Central Intelligence Agency (CIA), o serviço secreto norte-americano.

Para o almirantado, a reunião dos marinheiros pareceu uma provocação, e o ministro da Marinha mandou acabar com o encontro. Por ironia, ou, talvez, premeditadamente, o oficial encarregado de expulsar os marinheiros do sindicato, "vivos ou mortos", foi o almirante Aragão, de nítidas ligações com a tropa e com João Goulart. Obviamente, o chamado "Almirante do Povo" negou-se a reprimir a marujada. Assim, convocou-se um grupo de oficiais para cumprir a missão, cercando o local.

[4] No dia 22 de novembro de 1910, os tripulantes de três couraçados e de um cruzador, todos atracados na Baía de Guanabara, rebelaram-se contra as normas disciplinares da Marinha. Exigiam, principalmente, o fim da "lei da chibata" – o código de castigos vigente estabelecia punições que iam de três dias de solitária a 25 chibatadas. No dia 25, a Câmara aprovou a anistia dos amotinados e atendeu às reivindicações.

Os marinheiros recusaram-se a sair do prédio. Os oficiais ordenaram à tropa que o invadisse. E aconteceu o imprevisto: os fuzileiros do lado de fora desobedeceram às ordens, depondo as armas. Os próprios oficiais teriam de empreender a invasão. Certamente não se atreveram. Só restou ao ministro da Marinha demitir-se. Seguiu-se então uma espécie de delírio dos marinheiros, festejando a vitória.

O comando da Marinha pediu reforços ao Exército. No dia seguinte, o sindicato estava cercado por soldados da Polícia Militar. A crise continuava em compasso de espera, porque o presidente se encontrava na cidade gaúcha de São Borja, descansando em uma das suas fazendas. E um episódio até hoje não esclarecido complicou ainda mais o processo. Dezenas de marinheiros deixaram os seus navios e marcharam para o sindicato, para solidarizar-se com os companheiros sitiados. Ao passarem em frente do Ministério da Marinha, foram metralhados, supostamente por oficiais ali entrincheirados. Não se sabe quantos morreram.

Enquanto isso, no Clube Naval os oficiais sucediam-se em pronunciamentos contra o governo. Só então João Goulart, que retornara do sul e seguira para o Rio de Janeiro, foi informado da extensão da crise e da demissão do ministro da Marinha. Mas não havia almirante disponível para a substituição: os de confiança de Jango jamais seriam aceitos pela alta hierarquia da Marinha.

Por fim, nomeou-se o almirante Paulo Mário da Cunha Rodrigues. Agindo sob as ordens de João Goulart, o novo ministro acatou as condições dos marinheiros para encerrar a crise. A solução não agradou à oficialidade. Em síntese, os marinheiros exigiam a anistia (não punição) dos seus atos e a liberdade de vários companheiros presos; reivindicavam o direito de discutir os seus problemas e o reconhecimento oficial da Associação dos Marinheiros e Fuzileiros Navais; finalmente, queriam a promessa de que a comida seria melhorada.

Fim da revolta, começo da queda

O fim da crise foi comemorado com a passeata dos marinheiros à Igreja da Candelária. No caminho, o cortejo encontrou-se com o almirante Aragão e os manifestantes carregaram-no nos ombros. O clima de vitória deixava transparecer, porém, uma nítida provocação. Nos dias seguintes, oficiais de todas as Armas mandaram o seu recado pela grande imprensa: Exército, Marinha e Aeronáutica sentiam-se "injuriados" pelo presidente da República. E os editoriais começaram a pedir energicamente a derrubada de João Goulart.

Convém ressaltar que a crise militar – tanto política, no jogo de poder e confronto ideológico dentro dos quartéis, quanto nas rebeliões de soldados, fuzileiros e sargentos – não era um fato isolado. Ocorria paralelamente a uma intensa disputa pelo poder: o governo e as várias correntes políticas que o apoiavam debatiam-se contra a oposição conservadora e de direita, com boas e más intenções de ambos os lados. E havia, sobretudo, o ânimo popular exaltado, tanto pela situação econômica difícil como pela expectativa de reformas salvadoras.

Recuando um pouco no tempo, constatamos que desde meados de 1962 o povo já vinha se manifestando violentamente contra a carestia, em um processo que se agravava a cada dia. Em junho de 1962, populares saíram às ruas em algumas cidades do estado do Rio de Janeiro e saquearam lojas, levando principalmente comestíveis; um comerciante foi enforcado e o seu cadáver, apedrejado. A soma dessas situações explosivas indicava claramente que o golpe seria desencadeado.

Os golpes da reação

O governo João Goulart começava a cair.

A menos que se aceite uma esquematização simplista, é difícil explicar, abordando apenas um ou dois pontos, por que o governo João

Goulart não pôde resistir. Talvez, entre os vários aspectos, destaque-se a dúbia personalidade política do presidente. Tentou manejar as forças conservadoras, buscando nelas apoios político e militar, enquanto cativava os seus aliados de esquerda com um discurso populista e medidas reformistas, que sugeriam uma reformulação ou radicalização em futuro próximo.

Com esse jogo, aparentemente "maquiavélico", conseguiu desagradar aos dois lados: os conservadores desconfiavam; os progressistas não confiavam. Na prática, uniu os conservadores e dividiu as esquerdas. E mais, iludindo-se com a posição das Forças Armadas, enfraqueceu o único esquema que poderia dar-lhe apoio real: o brizolismo. Quando permitiu, em setembro de 1963, que os líderes dos sargentos fossem transferidos para guarnições distantes, estava deixando, na verdade, que se desmontasse o "esquema militar" de Leonel Brizola. Seis meses depois, na rebelião dos fuzileiros navais, a velocidade dos acontecimentos impossibilitou o restabelecimento de uma sustentação militar com soldados rasos e sargentos. "Seu" general, Assis Brasil, em setembro de 1963, e "seu" almirante, Cândido Aragão (comandante dos fuzileiros navais), em março de 1964, falharam na condução da crise.

Em contrapartida, as forças de direita não se limitaram a arrebanhar aliados dentro da instituição. Criaram grupos paramilitares, equipando-se até com a ajuda do Exército e comprando armas (ou recebendo-as) dos Estados Unidos. Mais tarde, os golpistas "cantariam vantagem" na grande imprensa, dizendo como e por qual preço obtiveram suas armas. O líder dos usineiros de Pernambuco, Francisco Falcão, alardeou, mesmo antes do golpe, que para conseguir armas não precisava da ajuda de nenhuma entidade conservadora, mas apenas do seu dinheiro. Em Alagoas, o secretário da Segurança, coronel João Mendonça, gabava-se de ter sob o seu comando um "exército particular" de

10 mil homens. Isso acontecia em quase todo o Brasil, sem mencionar as milícias estaduais de São Paulo e de Minas Gerais, ostensivamente contra o governo central.

A existência desse "esforço de guerra" ficou patente, por exemplo, na apreensão de um pequeno, mas significativo, arsenal em um sítio de Jacarepaguá, no estado do Rio de Janeiro. Compunha-se de dez metralhadoras calibre 45 e munição completa, mais granadas, rádios etc. Segundo o inquérito feito na época (outubro de 1963), esse arsenal serviria para o assassinato de João Goulart, dos seus familiares e de políticos e militares que apoiavam o governo. Descobriram-se sinais evidentes de que o material foi colocado no Brasil pela CIA. As deputadas da UDN Nina Ribeiro e Sandra Cavalcanti, ligadas ao governador Carlos Lacerda, apareciam como cúmplices do contrabando.

O governo João Goulart sabia disso e muito mais. Seria cansativo enumerar a lista dos contrabandos de armas que entraram no Brasil a partir dos Estados Unidos; ou do armamento desviado das polícias estaduais para as milícias de usineiros do Nordeste. Mais ainda: havia a confirmação do serviço secreto do Exército de que, em 1963, um submarino norte-americano desembarcou armas no litoral pernambucano com a ajuda de generais brasileiros reformados.

Apesar disso, Jango não preparou a defesa. Ou melhor, não pôde preparar defesa alguma, porque a sua política ambígua contribuiu para liquidar as bases populares de onde sairia a sua sustentação militar. Isso quer dizer: só seria viável uma defesa revolucionária, mas o governo João Goulart não era revolucionário.

Os golpes do governo

Não se pode esquecer, também, que João Goulart não era inocente nessa onda golpista. Ele é acusado, até por seus aliados, de tentar o golpe de Estado pelo menos duas vezes. Em abril de 1963, esboçou um movimento para destituir os governadores Ademar de Barros e Carlos Lacerda; posteriormente, fez o mesmo com Miguel Arraes. Para isso, contava com o apoio do ministro da Guerra, general Amauri Kruel, e do chefe da Casa Militar, general Albino Silva, além do respaldo do CGT. Mais evidente foi a tentativa de outubro de 1963. Na ocasião, chegou a solicitar ao Congresso o estado de sítio, mas retirou o pedido quando percebeu que não teria sustentação política para continuar o processo.

Completando a sequência de fracassos, houve o "ensaio" da prisão de Carlos Lacerda. O governador carioca seria capturado por um grupo de paraquedistas durante uma solenidade. Coroando a insensatez do plano, não faltou uma pitada de ridículo: a prisão não se concretizou, porque o trânsito estava congestionado e os paraquedistas chegaram atrasados à festa... À detenção de Carlos Lacerda, para "contrabalançar", seguir-se-ia a deposição de Miguel Arraes: um da direita, outro da esquerda, "equilibrando" democraticamente o governo aos olhos dos Estados Unidos.

Esses fatos, em especial a frustrada prisão de Lacerda, foram amplamente divulgados e colocaram o governo na defensiva.

É bom lembrar que Leonel Brizola também tentou o seu golpe. Em julho de 1962, envolveu o primeiro-ministro Brochado da Rocha na apresentação de uma série de decretos reformistas, que teriam de passar pela apreciação do Congresso. Seriam estimuladas pressões populares e militares e, caso não aprovasse as "medidas delegadas", o Congresso seria fechado. Pouco antes de morrer, Brochado da Rocha confirmou a veracidade dessa história.

O ardiloso plano consistia (entre outros itens) em um comunicado do comandante do III Exército, general Dantas Ribeiro, ao general Nelson de Mello, ministro da Guerra, afirmando que, ante a "intransigência do Parlamento, ele se via sem condição para garantir a ordem". O distanciamento assumido pelo primeiro-ministro fez o golpe fracassar. (A morte de Brochado da Rocha foi atribuída à tensão sofrida nesse período.)

Depois disso, convencido de que haveria uma "luta revolucionária" no Brasil, Leonel Brizola dedicou-se à criação dos famosos "Grupos dos 11".[5]

Em resumo, percebe-se que o governo de João Goulart, ao perder a sua sustentação popular e a confiança dos políticos que o apoiavam, não pôde criar um dispositivo próprio de segurança e foi vencido facilmente. Esse facilmente não deve ser entendido ao pé da letra: só foi fácil porque resultou de um longo processo de apodrecimento político.

Antes de apodrecer...

[5] Os Grupos dos 11 seriam compostos de dez homens e um líder, cada um, treinados para a luta de guerrilhas. Caso fosse deflagrada a guerra civil, os seus chefes comunicar-se-iam, formando núcleos combatentes mais amplos, de acordo com a necessidade. Esses grupos, além do potencial guerrilheiro, desempenhariam o papel de conscientizadores políticos de um processo revolucionário. No entanto, os grupos ficaram apenas no planejamento, nunca passaram à ação.

2. A grande conspiração

A conspiração contra o governo foi tão ampla que às vezes chegou a ser pública. Contou com financiamentos do Exterior, cooptação de intelectuais e ativa participação da imprensa. No plano econômico, à sabotagem interna juntou-se a decisiva retração dos investimentos norte-americanos, que acelerou o processo inflacionário.

Dúbio, porém honesto

Há governos que nascem moralmente podres. A mera divulgação dos seus atos basta para indignar a opinião pública. A corrupção da gestão Collor, por exemplo, revela uma putrefação moral inerente ao grupo que chegou ao poder.

Outros governos, porém, embora não imunes à corrupção, mantêm uma certa dignidade avalizada por seus líderes. Refletindo anseios populares – e não vem ao caso se são populistas ou demagógicos –, expressam alguma esperança nacional. Era o caso do presidente Jânio Quadros, por mais que sejam conhecidas a sua instabilidade e demagogia. E também foi o caso de João Goulart, por mais que sejam evidentes a sua dubiedade política e os seus compromissos de classe, antagônicos com as expectativas que gerou.

As administrações de Jânio Quadros e de João Goulart eram moralmente inócuas. Não exalavam o cinismo e a podridão moral característicos dos governos militares, culminando com o apodrecimento do período Collor. Nenhuma Comissão Parlamentar de Inquérito (CPI) as derrubaria, porque não se provaria – como jamais se provou, embora a administração João Goulart encontre-se entre as mais investigadas na história do país – a existência de um sistema de corrupção instalado no seu âmago.

A maior acusação dirigida à gestão João Goulart refere-se à sua "subversão". Não se faz aqui a defesa do governo Jango. Ao contrário, ele está sendo tratado com severidade – o seu populismo demagógico vem sempre à tona. Mas esse governo frágil e contraditório, incapaz de realizar mudanças significativas no sistema de privilégios instalado no Brasil, incomodava as elites sociais e econômicas pela sua simples existência.

A permanência de João Goulart, além de afastar do poder grupos de aproveitadores, significava uma condenação à exploração do povo. E essa condenação explicitava-se, principalmente, nas alianças políticas estabelecidas para viabilizar o governo. É evidente que oportunistas e demagogos aproveitaram-se para galgar o poder. Mas é evidente, também, que as denúncias contra as injustiças sociais sacudiram a população – o povo contestou as forças que, internamente, construíram sistemas de privilégios e, externamente, acumpliciaram-se com o capital estrangeiro para fortalecer o seu império político e econômico. Adotando um modelo capitalista dependente, as elites enriqueceram à custa do povo e entregaram o controle da nossa economia a grupos multinacionais.

Devido a essas circunstâncias, o apelo popular do governo João Goulart era muito forte. Já a ameaça de impedir a usurpação da riqueza nacional por uma classe dominante sem escrúpulos era potencialmente explosiva. Para a chamada "burguesia nacional", tratava-se de um governo perigoso, que precisava ser destituído. Não existindo a possibilidade de derrubá-lo legalmente (por meio de CPIs, processos de *impeachment* etc.), tornou-se necessário criar um clima ideológico que o apresentasse como subversivo e impatriótico. Isso foi feito com métodos científicos e muito dinheiro.

A campanha contra Jango

A grande ofensiva do poder econômico contra o governo João Goulart começou com o uso da imprensa, em uma campanha publicitária de dimensões jamais vistas no Brasil. Hoje, essa afirmação parece um tanto ousada, mas o fato pode ser constatado em pesquisas dos jornais da época e pela análise da distribuição de verbas publicitárias. E veremos, também, que todo o processo foi encaminhado por organizações criadas especificamente para esse fim.

A televisão – que começava a tornar-se o grande veículo de comunicação de massas no Brasil a partir da década de 1960 – contribuiu decisivamente para a fabricação da imagem de uma administração subversiva, antipatriótica e ofensiva às crenças "ocidentais e cristãs" do nosso povo. Houve um processo de demonização, em que se acusou o governo até de ofender a Virgem Maria: as figuras do governador de São Paulo, Ademar de Barros, e da deputada Conceição da Costa Neves rezando o terço em defesa da Virgem são tópicos característicos (e atualmente um tanto surrealistas) dessa campanha.

Vários estudos sobre a mídia brasileira entre 1962 e 1974 revelam bastante. Por exemplo: a concentração de renda no Brasil, nesse período, despontou entre as maiores do mundo. Em outras palavras: consolidaram-se uma minoria cada vez mais rica e uma maioria cada vez mais pobre. No entanto, as verbas publicitárias não acompanharam essa tendência nem foram aplicadas nos veículos que atingiam a elite econômica, a que mais consumia. As verbas publicitárias desviaram-se das revistas destinadas ao público consumidor rico e dirigiram-se para a televisão, um veículo de comunicação de massas. Assim, ocorreu no Brasil o paradoxo de a televisão divulgar produtos que não seriam consumidos pelas "massas". Desde 1962, as verbas publicitárias das revistas diminuíram 41% e as da televisão aumentaram 107%.

Um estudo apresentado pelo publicitário Pedro Meirath, no 2º Encontro Brasileiro de Mídia, chegou à seguinte conclusão:

> 77 milhões de brasileiros (...) não contam com padrão alimentar mínimo indispensável. Apesar disso, a televisão põe à venda passagens aéreas, automóveis de luxo, diamantes, fundo 157, letras de câmbio, apartamentos de milhões. (...) Quer dizer: 50 milhões de brasileiros viram mensagens destinadas a não mais que 200 ou 400 mil pessoas. Com um desperdício de mais de 99% das verbas publicitárias dos anunciantes.

Essa análise é pragmática: preocupa-se com a aplicação mais racional das verbas. Mas também revela um aspecto político que, no nosso caso, é o que mais interessa. O aparente desperdício de verbas, anunciando produtos de luxo para miseráveis, foi o meio de "comprar" a televisão, aliciando-a para a divulgação das ideias das classes dominantes. E a televisão, assim "conquistada", representou um papel fundamental no processo de apodrecimento do governo João Goulart. Essa "vocação" televisiva agudizou-se, a partir de 1965, com a criação da Rede Globo, que praticamente monopoliza a comunicação de massas no Brasil até os dias atuais.

A Igreja contra João Goulart

O clero conservador acreditava que as reformas levariam o Brasil ao comunismo. Pouco adianta discutir se certos bispos e cardeais eram ingênuos ou agiam a reboque das classes dominantes. O inegável é que a alta hierarquia da Igreja ficou contra João Goulart.

Teve início uma campanha religiosa antagônica ao governo, agravada por alguns dados importantes, como, por exemplo, o fato de os aliados de Jango serem progressistas de esquerda ou declaradamente comunistas. Naquele tempo, o fantasma do "comunismo ateu" espantava a sociedade brasileira. A cisão internacional do catolicismo foi outro complicador para o governo. O papa João XXIII e grande parte dos cardeais do Vaticano começaram a sugerir reformas sociais para combater a miséria. E, justamente nos países-alvo dessas mudanças, os católicos radicalizaram.

Para completar o quadro, havia uma certa irritação (quase uma intolerância) da hierarquia católica brasileira com os setores laicos, que se politizavam cada vez mais, apoiando as reformas. Apesar disso, alguns bispos e cardeais, como dom Hélder Câmara, posicionavam-se à "esquerda" da Igreja oficial.

Assim, conforme o esperado em um país marcado pela aliança tradicional da Igreja com as classes dominantes, os conservadores aproveitaram-se da situação.

A campanha religiosa contra o governo foi desencadeada pelo cardeal do Rio de Janeiro, dom Jaime de Barros Câmara. Na sua cruzada anticomunista, ele trouxe das Filipinas o padre Patrick Peyton, que, sabe-se hoje, era agente da CIA, um especialista em "levantar" as massas católicas contra o "comunismo ateu", em nome da Virgem Maria.

Esse clérigo chegou ao Brasil no fim de 1963, precedido de grande publicidade. Sua recepção incluiu faixas nas ruas, artigos nos jornais e espaço nas emissoras de tevê para promover a famosa Cruzada pelo Rosário em Família. Pregava em estádios e praças, com a televisão sempre presente, transmitindo os seus sermões e as suas rezas. O lema da campanha – "a família que reza unida permanece unida" – aparentemente pregava os benefícios da oração para a união familiar. Por trás da "mensagem", vinha o recado anticomunista que, subliminarmente (ou nem tanto, embora não se deva subestimar a burrice alheia), associava os males do mundo (e do Brasil em particular) aos políticos ateus que queriam mudar a ordem natural das coisas.

Antes de ser desmascarado, o padre da CIA promoveu grandes concentrações. Ao ser desmoralizado, já tinha completado o seu trabalho e lançado a estrutura da célebre Marcha da Família com Deus pela Liberdade.

Marchadeiras e cursilhistas

Mais tarde, na década de 1970, historiadores norte-americanos, como Jerome Levinson e Juan de Onis – citados no livro *A Igreja e a política no Brasil*, do ex-deputado e jornalista Márcio Moreira Alves –, fizeram descobertas interessantes. Demonstraram que o padre Peyton não só era agente da CIA, como as várias marchas, promovidas em 1964 por associações femininas católicas, foram financiadas por empresas norte-americanas e pelo Departamento de Estado dos Estados Unidos.

Para se ter uma ideia da eficiência das sementes lançadas pelo padre Peyton, basta lembrar que em São Paulo, no dia 19 de março de 1964 (seis dias após o comício das reformas), 500 mil pessoas saíram às ruas protestando contra o governo. Uma das organizações responsáveis pela manifestação foi a Cruzada pelo Rosário em Família, do padre Peyton. E, entre os que lideravam a marcha, ia o governador Ademar de Barros, com um rosário nas mãos em desagravo à Virgem, maculada pelo "comunismo ateu" dos reformistas.

Hoje, vistos a distância, esses eventos têm até um sabor folclórico. No entanto, constituíram peças essenciais para o êxito do golpe de 1964.

Uma semana depois, a marcha ocorreu no Rio de Janeiro, com o mesmo sucesso e os mesmos patrocinadores. O tom religioso da manifestação política ficava assegurado pela presença dos representantes da Cruzada pelo Rosário em Família, da Confederação Católica do Arcebispado do Rio de Janeiro, da Associação dos Antigos Alunos do Sagrado Coração de Jesus e do Grupo de Reabilitação do Rosário.

O falecido historiador católico Hélio Silva informa no seu livro *1964: golpe ou contragolpe?* que a idealização da marcha paulista coube a uma freira. A religiosa, neta de Rui Barbosa, convenceu alguns empresários e as suas esposas a que "se fizesse uma Marcha de Desagravo ao Santo Rosário pela ofensa que tinham constituído as palavras de Goulart, na Guanabara". A deputada Conceição da Costa Neves batizou o ato de "Marcha da Família com Deus pela Liberdade".

Alguns dias depois da realização das marchas, o governo caiu. O padre Peyton, embora pretendesse continuar sua maratona promovendo concentrações em cidades brasileiras com mais de 300 mil habitantes, foi dispensado. E só reapareceu na década de 1970, denunciado como agente da CIA em livros de historiadores norte-americanos.

Logo após o golpe, difundiram-se os chamados "Cursilhos da Cristandade". Abusando da boa-fé de uns e do cinismo de outros, em nome do "Chefão" (apelido que deram a Jesus Cristo), os cursilhos – encontros com origem na Espanha, em 1948, destinados a orientar católicos adultos leigos acerca de fatos da fé cristã – cumpriram um papel de aglutinação ideológica com um toque de lavagem cerebral. Arregimentavam pessoas com liderança na sociedade, principalmente na classe média alta. Difundiam uma postura dita cristã, de respeito à ordem e de solidariedade aos seus iguais, ou seja, os que estavam no poder ditatorial.

Os cursilhos receberam financiamentos do Opus Dei, organização religiosa fascista com sede na Espanha. Manipulados pelos cursilhos, uma parte da Igreja, clero e leigos tornaram-se inocentes úteis ou usaram a inocência de muitos, reduzindo a religião a uma alavanca política do poder.

O Ibad

A campanha publicitária e o histerismo anticomunista baseavam-se em um plano de verbas milionárias. Para difundir material ideológico anticomunista e contra o governo, aliciar políticos, artistas e intelectuais, distribuir "cachês" culturais e outras atividades do gênero, criou-se o Instituto Brasileiro de Ação Democrática (Ibad).

Entre os fundadores do Ibad, destacam-se diretores e presidentes de associações comerciais e industriais; integrantes da Câmara de Comércio dos Estados Unidos; o marechal Inácio de Freitas Rolim, instrutor da Escola Superior de Guerra (ESG); e outros da mesma estirpe. Seu primeiro diretor-geral foi Ivan Hasslocher, conhecido agente de ligação da CIA e da espionagem norte-americana no Brasil, no Equador e na Bolívia.

A partir de 1961, o Ibad passou a "investir" nos políticos. Na Câmara, estimulou o grupo de deputados pertencentes à Ação Democrática Parlamentar (Adep), núcleo de vocação nitidamente golpista. Facilitava o contato desses políticos com militares e empresários, influenciando a votação de projetos. Financiou a eleição de dezenas de parlamentares e infiltrou-se em sindicatos, entidades de serviço público, grêmios estudantis etc. Associou-se ou criou organizações como o Movimento Anticomunista (MAC) e outras, de caráter paramilitar. O Ibad, aliado ao Centro Dom Vital – organização católica controlada pelo líder integralista Gustavo Corção –, foi o principal responsável pelo fortalecimento do Opus Dei no Brasil.

A interferência no processo eleitoral concretizava-se, principalmente, no custeio das campanhas de certos candidatos e na compra de espaços na imprensa, às vezes por meio de verbas publicitárias distribuídas por empresas. Essa prática consagrava-se desde a eleição de Jânio Quadros, também um beneficiário da ajuda ibadiana. Mas em 1962, na tentativa de enfraquecer o governo João Goulart, o Ibad, de fato, despejou somas elevadas nas urnas. O dinheiro entrava especialmente pela Ação Democrática Popular (Adep), que, por sua vez, ligava-se indiretamente à CIA – Ivan Hasslocher era proprietário da Incrementadora de Vendas Promotion S. A., empresa que distribuía as verbas do Ibad e da Adep na imprensa.

De onde vinha o dinheiro

O dinheiro vinha de empresários brasileiros, norte-americanos, ingleses, alemães... Era repassado ao Ibad e aos seus associados pelo Fundo de Ação Social (FAS), entre outros "caminhos fantasmas" ou não. O FAS foi criado em São Paulo, em 1962, para receber dinheiro dos Estados Unidos, angariado pelo Council for Latin America (CLA): o governo norte-americano e o seu empresariado analisaram a situação brasileira e classificaram-na como "explosiva" e elegeram o Brasil como um dos países-chave na Guerra Fria.[6]

Antes de entrar no Brasil, o dinheiro fazia escala nos paraísos fiscais do empresariado internacional. Sabe-se, por exemplo, que US$ 7 milhões, doados ao Ibad por uma multinacional, vieram da ilha de Nassau. A CPI que investigou o instituto identificou 297 empresas e entidades norte-americanas que enviaram milhões de dólares para a campanha anticomunista contra João Goulart e a eleição de políticos de direita. Empresários ingleses também colaboraram com cerca de

[6] Na época, foi realizada uma CPI que levantou inúmeros detalhes dessa corrupção. Os nomes dos envolvidos chegam a centenas. O leitor interessado em um relato completo sobre o Ibad e os congêneres deve procurar o livro *1964: a conquista do Estado*, de René Armand Dreifuss (ver Bibliografia).

US$ 3,5 milhões anuais. A meta estipulada, de US$ 15 milhões por ano, seria completada com a ajuda das "classes produtoras" brasileiras. As contribuições alemãs atravessaram as fronteiras do Brasil por intermédio da Mannesman e da Mercedes-Benz, angariando-se também donativos do Partido Democrático Cristão, da Alemanha. Um dos planos para a captação desse dinheiro foi elaborado pelo general Golbery do Couto e Silva a pedido do presidente da Mercedes-Benz.

Será muito difícil descobrir o montante real de dólares despejado no país para patrocinar a derrocada do governo João Goulart. A operação assumiu dimensões incalculáveis. Outra organização congênere, o Instituto de Pesquisa e Estudos Sociais (Ipes), recebeu dinheiro da indústria farmacêutica para enfrentar a criação da Superintendência Nacional de Abastecimento (Sunab) e as medidas que "ameaçavam" colocar remédios a preços populares no mercado. Nas contas bancárias do Ibad e do Ipes, encontraram-se depósitos feitos pelas multinacionais do petróleo, como Esso, Shell, Standard Oil e Texas Oil, além das previsíveis Coca-Cola, Remington Rand, Souza Cruz, Hanna Mining, General Motors etc.

A CPI desconfiou da existência de uma "contabilidade paralela", que nunca pôde ser localizada. Os gastos do Ibad-Ipes superavam em milhões de dólares os milhões de dólares rastreados nos bancos. Apesar de todas as dificuldades, a CPI conseguiu comprovar que o Ibad corrompia o processo político e recebia dinheiro do Exterior e de empresários nacionais. Assim, em 1963, houve a extinção do órgão. Já o Ipes recebeu absolvição por falta de provas – a sua diretoria trabalhou arduamente, destruindo documentos e garantindo aos doadores que os seus nomes não seriam revelados na CPI.

Convém lembrar que o fechamento do Ibad foi temporário e que a entidade funcionou clandestinamente até depois da derrubada de João

Goulart. O Ipes, contra o qual não se levantaram provas suficientes, trabalhava claramente em um plano terrorista, fato confirmado pelo seu presidente, Glycon de Paiva. Ele alardeou em vários escritos a necessidade de uma atividade política "sigilosa", com um objetivo claro:

> Criar um caos econômico e político, o fomento à insatisfação e profundo temor ao comunismo por patrões e empregados, o bloqueio de esforços da esquerda no Congresso, a organização de demonstrações de massas e comícios e *até mesmo atos de terrorismo, se necessário*. (O grifo é nosso.)

A compra dos intelectuais

Em conjunto, o Ibad e o Ipes desenvolveram um trabalho fantástico. Aliciaram muitos intelectuais de renome, pagando-lhes, direta ou indiretamente, para escrever artigos, ensaios e até livros, pronunciar conferências e realizar filmes, tudo em "defesa da democracia". De posse dessa produção cultural, "inspirada" nos interesses políticos da direita, os dois institutos compravam espaço nos jornais e nas revistas e publicavam as opiniões que contavam com o aval de nomes, às vezes, os mais insuspeitos.

Alguns desses escritores nem precisavam redigir os artigos: bastava assiná-los. Entre os órgãos de imprensa que divulgaram tal produção estão os Diários Associados (rede de jornais e televisão que já não existe), *Folha de S.Paulo*, *O Estado de S. Paulo*, *O Globo*, *Jornal do Brasil*, *Correio da Manhã* e *Correio do Povo* (RS).

Vários editores, redatores-chefes, repórteres e articulistas da grande imprensa estavam ligados ao Ibad-Ipes. Sob a orientação do general Golbery do Couto e Silva, o Ipes mantinha grupos de redatores que "manipulavam notícias", transformando-as em armas da guerra psicológica. As investigações sobre a entidade revelaram, por exemplo, que a Cervejaria Antarctica comprava as matérias produzidas por uma equipe de trinta redatores. Na época, pagavam-se 5 mil cruzeiros por artigo. A partir do Rio de Janeiro e de São Paulo, esse comportamento espalhou-se pelo Brasil, atingindo jornais das capitais e do interior de quase todos os estados.

Hoje, a divulgação dos nomes desses escritores e jornalistas causaria espanto à desinformada opinião pública brasileira. Foram redatores do Ipes, entre tantos outros famosos e consagrados, o poeta Augusto Frederico Schmidt, o jornalista Wilson Figueiredo e a "imortal" Rachel de Queiroz. Secretariava o Ipes a "imortal" Nelida Piñon.

Um dos líderes intelectuais do Ipes foi o escritor José Rubem Fonseca, encarregado, entre outras tarefas, de autorizar o financiamento de documentários, selecionando cineastas e sugerindo roteiros. Entre esses filmes destacam-se *O que é o Ipes?*, *Asas da democracia*, *Conceito de empresa*, *A boa empresa* e *Deixem o estudante estudar*, todos feitos por Jean Manzon.

Mas o principal trabalho desse romancista talvez fosse a seleção de livros para publicação. Ele supervisionou o Grupo de Publicações/Editorial (GPE) do Ipes, que funcionava desde 1962. Nessa função, conviveu com colegas intelectuais como o general Golbery e o capitão Heitor de Aquino Ferreira, assessorados por Odilo Costa (filho), Augusto Frederico Schmidt e Rachel de Queiroz.

O GPE, além de editar livros de autores nacionais, traduzia obras que apresentassem conteúdo anticomunista e, de alguma forma, atingissem o governo João Goulart. Cuidava também da impressão de panfletos para estudantes e trabalhadores. O Ipes, com o aval dos intelectuais de peso que estavam ao seu lado, indicava os livros às editoras.

Caso os editores se recusassem a publicá-los, o Ipes garantia a compra de parte da edição.

A corrupção cultural

Em 1963, o GPE imprimiu quase 300 mil livros e distribuiu perto de 40 mil informativos mensais. O número de exemplares patrocinados pelo GPE do Ipes chegou a 2,5 milhões de unidades. Iam desde textos teóricos mais sérios, como *Pluralismo e liberdade*, de Miguel Reale, publicado pela Editora Saraiva (uma das muitas que se puseram a serviço do Ibad-Ipes), até os boletins de baixíssima qualidade cultural, difundidos aos milhares. Exemplo de um destes é *O gorila*: traçava o perfil do comunista como um homem frio, sem lealdade e que, aparentando ser amigo, "o assassinará pelas costas, friamente". Todo comunista era assim, pois "eles matam frades, violam freiras, destroem igrejas". Reforçava-se a imagem do comunista "comedor de criancinhas".

Intelectuais foram cooptados a conceder entrevistas aos grandes órgãos de imprensa, denunciando o perigo comunista etc. Formou-se um grupo que, em palestras e conferências, abordava os temas condicionados pelo Ipes. Escritores e políticos de renome empenharam-se nesse programa, como Pedro Aleixo, Francisco Campos, Juraci Magalhães, Mílton Campos, Sandra Cavalcanti, Rachel de Queiroz (que falou sobre falso nacionalismo) e Leda Collor de Melo (e a sua palestra *Cooperação da empresa privada na Previdência Social*). A lista é enorme, incluindo escritores de destaque ainda nos dias atuais.[7]

O complexo Ibad-Ipes, com as suas filiais ou os seus apadrinhados, dedicou-se também à promoção de políticos, tanto financiando as suas

[7] Dados mais completos e uma relação de intelectuais colaboracionistas encontram-se em *1964: a conquista do Estado*, já citado (ver Bibliografia).

campanhas quanto comprando-lhes espaços na televisão e nos jornais. Entre os beneficiados estão os notórios Herbert Levy, Cunha Bueno, Abreu Sodré e dezenas de outros, que com o fim da ditadura posaram de democratas de primeira hora.

O Ipes avançou sobre o meio artístico, em especial na televisão: os artistas, desde que dóceis, recebiam apoio na carreira. Investiu-se principalmente nos comediantes, pois o Ipes descobriu que uma piada tinha efeito mais devastador do que vários artigos "sérios". Os que se negavam a colaborar podiam encontrar dificuldades ou até mesmo ver a sua carreira encerrada. O jornalista Arapuã, do *Última Hora*, simplesmente teve a carreira cortada – em 1962, deixou o jornal e nunca mais conseguiu voltar.

De 1961 a 1964, o Ibad financiou mais de trezentos programas radiofônicos diários, alguns transmitidos em rede de dezenas de emissoras. O toque de humor ficou por conta da burrice na escolha do nome do principal programa de rádio do Ibad. Veiculado por mais de cem emissoras, chamava-se *Cadeia da Democracia* – um ato falho dos golpistas...

Para reforçar a campanha e dar-lhe um cunho "mais sério", o Ibad--Ipes trouxe da Europa e dos Estados Unidos vários intelectuais anticomunistas, que fizeram conferências em todo o Brasil. Destacou-se a escritora Suzanne Labin, que falou, nas grandes capitais brasileiras, sobre infiltração comunista.

A força do dinheiro

Talvez pareça um tanto longo o espaço destinado ao Ibad-Ipes, mas a cooptação da elite orgânica desempenhou uma função importante na desmoralização do governo João Goulart. O mais significativo é que se prestou a esse papel (mais tarde, alguns se arrependeram e outros se redimiram) o que havia, presumivelmente, de melhor na intelectualidade brasileira. Em geral, nos países subdesenvolvidos acredita-se que intelectuais e artistas não participam de ações desprezíveis. A CPI sobre o Ibad demonstrou que, em certa medida, eles são até mais suscetíveis de renderem-se à tentação da fama e do dinheiro.

A fim de usar os "formadores de opinião", o Ipes promoveu vários cursos, ministrados pelos "professores" Danton Jobim, Érico Veríssimo, Hélio Jaguaribe, Gilberto Freire, Odilo Costa (filho), Hélio Beltrão, Lúcio Costa etc. Não se pode supor que essa gente, capaz de produzir obras de inegável peso cultural, fosse ingênua a ponto de não saber o que fazia – e o que fazia era receber dinheiro do Ibad para sabotar as reformas. Não se trata de negar o direito de oposição a um contexto político, mas de evidenciar os motivos por que tais figuras se posicionaram contra. Na época, não havia pessoa medianamente informada que desconhecesse a procedência do dinheiro do Ibad-Ipes, que vinha das mãos de um empresariado golpista aliado à CIA.

A CIA: o grande eleitor

O envolvimento dos Estados Unidos nessa trama ficou bastante claro nas eleições de 1962. Nesse período, a CIA realizou no Brasil a sua maior operação em todo o mundo. Enviou milhões de dólares aos seus aliados e o Departamento de Estado abriu um grande número de consulados no país, aumentando assim a sua área de influência. Governadores de vários estados receberam empréstimos diretamente do governo norte-americano, ignorando o poder central. Esses governos – chamados pelo presidente Kennedy de "ilhas de sanidade" – tiveram os seus candidatos apoiados pelos dólares dos Estados Unidos. Os maiores beneficiários dessa política mão-aberta foram Carlos Lacerda (Guanabara), Ademar de Barros (São Paulo), Aluísio Alves (Rio Grande do Norte), Cid Sampaio (Pernambuco) e Magalhães Pinto (Minas Gerais).

Os fatos comprovam-se facilmente. Em telegrama ao Departamento de Estado, datado de 3 de outubro de 1962, Lincoln Gordon, embaixador dos Estados Unidos no Brasil, afirmou:

> Como as autoridades de Washington devem certamente estar conscientes, está ocorrendo neste país uma guerra política de grande importância, que determinará sua orientação doméstica e externa e, com ela, a maior parte do continente. Temos grande interesse no resultado [das eleições] e estamos tentando usar nossa influência destramente para levar a um resultado favorável. Todos os elementos de nossa equipe nacional têm sido vigorosamente instruídos pelo presidente e todos os órgãos centrais para contribuírem a favor desse processo. Em qualquer forma de guerra, a escolha estratégica e tática do momento político para a ação pode facilmente ser decisiva. Esta semana de pré-eleição é um momento estratégico único.[8]

O embaixador Gordon visava, entre outras medidas, apoiar a luta contra a Lei da Remessa de Lucros, estabelecer contatos com militares e políticos e, se necessário, ajudar a insurreição contra o governo João Goulart. Posteriormente, confessou haver distribuído de US$ 1 milhão a US$ 5 milhões a candidatos "confiáveis", que se posicionavam contra as Reformas de Base. Ao todo, o Ibad financiou, via Departamento de Estado dos Estados Unidos, cerca de 250 candidatos a deputado federal, seiscentos a deputado estadual e oito ao governo de estado, além de vários senadores, prefeitos e vereadores. O dinheiro veio de uma conta do Royal Bank of Canada.

O inimigo mais visado foi o candidato ao governo de Pernambuco, Miguel Arraes. A imprensa estadual apresentou-o como o "anticristo". Distribuíram-se fotomontagens com a figura de Miguel Arraes rezando

[8] O original desse telegrama encontra-se no arquivo JFK (John Fitzgerald Kennedy), nos Estados Unidos.

(presumivelmente ao diabo), com um terço na mão – as contas do rosário eram amuletos da foice e do martelo.

Desde a deposição de Vargas, todos os golpes de Estado no Brasil tiveram a interferência dos Estados Unidos. Seus embaixadores, a partir da década de 1960, conspiraram com os políticos de direita e o golpe de 1964 não seria possível sem esse apoio internacional. Para isso, contribuiu a experiência de anos de conluio de agentes e diplomatas norte-americanos com políticos, militares e empresários brasileiros.

A conspiração é fruto de uma situação política concreta, mas não nasce espontaneamente: precisa de pretextos para viabilizar a reunião de forças em torno de um plano golpista. Os pretextos são sempre abundantes. A conspiração pode começar meio indefinida, anos antes do momento em que obterá os seus resultados práticos. Na verdade, ela inicia-se, muitas vezes, com um objetivo incerto e termina tendo sucesso com uma meta muito diferente (em geral mais ampla) da original.

Evidentemente, não pretendemos fazer a apologia de uma "teoria conspirativa da história". Trata-se de demonstrar que sem conspiração, um dos componentes da crise política, não há golpe.

A conspiração aberta

Quando se fala em conspiração, pensamos em algo secreto, tramado entre quatro paredes. Porém, a derrubada de João Goulart também envolveu, além dos conspiradores que atuaram em segredo, uma espécie de "conspiração pública". As forças de direita conspiraram abertamente (se é que a expressão serve) pela derrubada do governo. Mesmo atitudes pouco éticas, como pedir ajuda a governos estrangeiros, aconteceram em público.

Um dos primeiros a proceder assim foi o governador da Guanabara, Carlos Lacerda. Em entrevista ao jornal *Los Angeles Times*, ele sugeriu que os Estados Unidos interviessem no Brasil, pois o governo João Goulart era comunizante. Outras personalidades, aparentemente de maior peso moral que o governador udenista, atuaram na mesma linha. O diretor de *O Estado de S. Paulo*, Júlio de Mesquita Filho, estava entre elas. Segundo esse mesmo jornal, ao discursar na Sociedade Interamericana de Imprensa, em Miami, Mesquita alertou os Estados Unidos de que o presidente João Goulart poderia levar o Brasil ao comunismo e só havia uma maneira de impedir o desastre: a interferência urgente dos norte-americanos.

Editoriais e artigos na imprensa brasileira pediam a queda do governo e, não raro, a intervenção dos Estados Unidos. Essa subserviência não era gratuita: o Departamento de Estado dos Estados Unidos e a CIA há muito se intrometiam na política brasileira. E as solicitações representavam o aval que, de certa forma, "validava" a interferência.

Os Estados Unidos começaram a desestabilizar o governo João Goulart desde o seu início. Em 1961, aplicaram US$ 108 milhões no Brasil. Em 1962, os investimentos caíram para US$ 69 milhões e, em 1963, para US$ 30 milhões. Em dois anos, os Estados Unidos cortaram US$ 78 milhões do montante injetado no país. Para uma economia dependente, foi um golpe mortal. A queda de 72,22% nos investimentos contribuiu para o aumento da inflação, um dos argumentos usados pelos norte-americanos para denunciar o "descalabro econômico" do governo João Goulart.

Com a Guerra Fria, havia uma visão maniqueísta dos acontecimentos. A Escola Superior de Guerra acreditava que o Brasil corria um sério risco de conflagração interna. Portanto, seria preciso, na visão dos militares inspirados por Golbery do Couto e Silva, conter os movimentos da esquerda, que seriam estimulados pela União Soviética que, por sua vez, via na tomada do poder pelos comunistas do Terceiro Mundo a forma mais rápida de conquistar o planeta.

Fecha-se o cerco

A participação dos Estados Unidos na conspiração foi tão acintosa que um general norte-americano veio se encontrar com o brigadeiro Eduardo Gomes, com o general Castelo Branco e até com o ministro da Guerra, o general Jair Dantas Ribeiro.

Diante do franco apoio da CIA e do Departamento de Estado dos Estados Unidos, os golpistas tornaram-se mais ousados. Castelo Branco, por exemplo, até então tímido e dúbio, distribuiu, em 20 de março de 1964, uma "carta reservada" aos oficiais do Exército. Nela, indicou as posições que os militares precisariam tomar. Denunciou o "perigo vermelho", afirmando que as Forças Armadas não deveriam "submeter a Nação ao comunismo de Moscou", pois "isto, sim, é que seria antipátria, antinação e antipovo".

Bem antes desses acontecimentos, os funcionários do Departamento de Estado dos Estados Unidos já transmitiam informações a Washington. Em 21 de agosto de 1963, o embaixador Lincoln Gordon, um dos mais audazes conspiradores, denunciou um provável "perigo comunista" no governo João Goulart. Ele achava que o presidente do Brasil cairia em "dois meses e meio" e confessava que, "nos últimos dez dias", conversara com muitos brasileiros que "pensavam como ele". Nesse mesmo informe, declarou esperar, "se Deus realmente é brasileiro", que os problemas cardíacos de João Goulart se agravassem e ele tivesse de deixar o poder. Documentos norte-americanos mostram que Gordon conspirou com Juscelino Kubitschek, Ademar de Barros, Castelo Branco e outros militares e civis.

Quando a articulação do golpe estava pronta, incluindo a campanha de desmoralização pela imprensa, os jornais começaram a pedir abertamente a queda do governo. Em 31 de março, o *Correio da Manhã* (depois perseguido pelos militares) deu a senha para o golpe em seu editorial. O texto terminava afirmando: "O Brasil já tolerou demais o atual governo. Basta!". Dois dias antes, o *Jornal do Brasil* apelou aos brios dos militares: "As Forças Armadas foram todas (...) feridas naquilo que lhes é mais essencial (...) Não é hora de indiferença (...) É chegado para todos o momento de resistir".

Fechou-se o cerco. A conspiração já não existia – ela era pública; os jornais apresentavam as aspirações das classes dominantes como se fossem o desejo popular. Então, desencadeou-se o golpe. E na hora certa, como analisou posteriormente o general Golbery do Couto e Silva: "1961 foi um desastre para o Exército. Nós decidimos (em 1964) que só tentaríamos derrubar Goulart quando a opinião pública estivesse claramente a nosso favor".

3. O golpe

Depois da conspiração, o golpe militar aconteceu quase naturalmente, apoiado pela Igreja e festejado pela classe média, temerosa de perder os seus "privilégios". A grande imprensa criou um clima favorável ao golpe, exigindo a deposição do presidente Goulart. O governo já estava na defensiva e foi incapaz de resistir aos golpistas. Os dispositivos militares que deveriam defender o regime constitucional foram um completo fracasso.

O medo da classe média

Sem pretensão teórica mais profunda, veremos alguns aspectos que contribuíram para o sucesso do golpe, entre eles as suas implicações geopolíticas. Até 1964, o desenvolvimento industrial brasileiro indicava o nascimento de uma pequena potência no mundo subdesenvolvido. Livrando-se da dependência externa, o Brasil poderia influir na América do Sul e talvez na África.

Tentava-se romper o modelo econômico dependente. A situação internacional contribuiu para impedir a realização desse projeto. Estavam em jogo os interesses dos Estados Unidos e da União Soviética, as duas grandes potências que dividiam o mundo em blocos sob a sua influência. Além disso, havia as contradições internas brasileiras, com as elites recusando-se a perder privilégios, o que uma economia mais aberta exigiria. Essas duas forças associaram-se para fortalecer o caminho inverso à independência. Os agentes golpistas nacionais tiveram ao seu lado os Estados Unidos, defendendo vigorosamente os seus próprios interesses, não apenas no Brasil, mas em toda a América do Sul. Enquanto isso, a União Soviética não mostrava disposição ou poder para apoiar a ruptura sugerida pelo governo brasileiro. Essa situação foi parte importante do grande conflito que levou ao golpe.

Desse contexto, surgiram, também, teorias extravagantes, como a da segurança nacional e a da "guerra revolucionária". Essas ideias ganharam força e adeptos entre os militares, acostumados a ver o mundo com um tipo de raciocínio que os filósofos chamam de paralogismo, ou seja, uma "lógica" apenas aparente.

Somando-se a isso, tínhamos ainda a política externa brasileira da época, em defesa da autodeterminação dos povos e que apoiava, até, o direito de existência de um regime socialista em Cuba. E, para completar o quadro, havia aquilo que talvez fosse o principal componente no plano ideológico: a resistência da classe média às mudanças, com um medo quase histérico a tudo que cheirasse a "proletário". A classe média, condicionada pelos preconceitos das elites, sentia-se superior ao operariado, que, repentinamente, despontava no cenário político nacional. A saída foi apoiar soluções autoritárias contra a ascensão dos trabalhadores – um povo que havia menos de oitenta anos era escravo e agora reivindicava direitos que a classe média supunha que lhe seriam roubados.

Um sentimento pequeno-burguês opunha-se ao governo João Goulart e muitos se identificavam nessa estreiteza política. Os militares, por exemplo, refletiam nos quartéis os mesmos receios dos civis da classe média: os oficiais e os suboficiais sentiam-se ameaçados hierarquicamente nas suas carreiras pelo desejo de ascensão política de sargentos, cabos e soldados. Sem dúvida, o governo João Goulart possibilitou o questionamento de todas as hierarquias, não só as sociais e as econômicas.

A cúpula da Igreja também temeu ser "acuada" pelos leigos e pelos padres ligados aos movimentos populares. A Conferência Nacional dos Bispos do Brasil (CNBB), que posteriormente se opôs aos governos militares, apoiou o golpe. Mais do que isso – em 29 de maio de 1964, divulgou um documento de extrema subserviência oportunista, no qual afirmava que o golpe tinha sido uma dádiva, pois "a Providência Divina fez-se sentir de maneira sensível e irrefutável". Esse "manifesto" colocou a CNBB e, por consequência, os bispos brasileiros como aliados da ditadura. Ele trazia um alerta aos religiosos: aqueles que burlassem a vigilância da hierarquia católica e causassem problemas aos militares seriam punidos. "Antes mesmo da Revolução, jamais deixamos de advertir e castigar os culpados, fossem laicos ou sacerdotes", dizia o documento.

Prisioneiros do medo

O medo da classe média e o pavor da quebra de uma hierarquia rígida, tanto nas Forças Armadas como na Igreja, cimentaram a resistência às mudanças que pretendiam resgatar o Brasil da miséria social. Depois do golpe, esse medo das mudanças transformou-se em medo da ditadura e da repressão. Porém, passaram-se alguns anos até que a covardia e o oportunismo fossem vencidos pela indignação moral pequeno-burguesa.

Convém notar que mesmo a luta armada, alguns anos depois, foi desencadeada por elementos vindos das classes médias, com insignificante participação de trabalhadores. Certamente, esse fato não esvazia o conteúdo ideológico dos movimentos contra a ditadura, mas explica a natureza da alienação popular no Brasil. Isso não é nenhuma novidade e já passou pela análise de vários sociólogos. Octávio Ianni, por exemplo, em *O colapso do populismo no Brasil*, observa que "a massa operária atemoriza a massa da classe média. Em consequência, esta se apega mais facilmente às soluções autoritárias, que alguns setores da classe dominante lhe apresentam".

Em 1964, a classe média sonhou com a convivência entre democracia e autoritarismo, mascarada sob a aparência de legalidade constitucional. Evidentemente, pensou-se em uma democracia de classe, ou seja, liberdade para a classe média e autoridade para o povo, que hipoteticamente ameaçava os seus "direitos". O governo João Goulart só ameaçou superficialmente uma coisa: os privilégios da classe dominante. Mas as elites "convenceram" a classe média de que as suas ideias correspondiam às ideias da sociedade.

As condições socioeconômicas do Brasil e a inexistência de um partido de esquerda, que organizasse o povo, permitiram que os preconceitos da classe média emergissem no cenário político como "opinião pública". Daí a viabilidade do golpe. Ao contrário das análises emotivas, que acusam João Goulart de covarde e incompetente para enfrentar o golpe, a não resistência decorreu da falha do dispositivo militar do governo para enfrentar os grupos militares, políticos e econômicos que exigiam a sua queda.

A influência da Lua

E o golpe veio. E chegou escoltado pelos preconceitos e pelas superstições que ainda hoje dominam a nação.[9] Os fatos, embora

[9] Por exemplo, na crise do "Collorgate", diante da ameaça de sofrer o *impeachment*, o presidente Collor convocou à sua residência magos e bruxos, para "energizarem o ambiente", conforme os jornais noticiaram. Para localizar o corpo do deputado Ulysses Guimarães, desaparecido em um acidente aéreo no litoral paulista, a Marinha apelou a um paranormal que teve "um sonho"... O presidente Fernando Henrique Cardoso autorizou a mudança na disposição dos móveis do seu gabinete, para atrair "bons fluidos", segundo as notícias dos jornais.

verdadeiros, soam como anedotas folclóricas. Em entrevista ao *Correio da Manhã* de 3 de abril de 1964, o general Carlos Luís Guedes informou que a ação foi transferida do dia 1º de abril para 31 de março por uma razão básica: "Eu disse que anteciparia o movimento, pois não começaria em Lua minguante". Portanto, não haveria golpe se ele estivesse programado para ocorrer numa outra "fase da Lua"...

Para "sorte" dos golpistas e "azar" dos golpeados, o general Mourão Filho acatou as graves razões filosófico-esotérico-estratégicas das fases da Lua e antecipou a saída da sua tropa para o dia anterior.

A importância da ESG

Antes que as fases da Lua determinassem a conveniência do golpe, criaram-se situações concretas para facilitar a queda do governo, condições que se sedimentaram ao longo de anos. Em agosto de 1949, um grupo de oficiais brasileiros influenciados pelos norte-americanos fundou a ESG. A partir de 1963, ela transformou-se na célula pensante aglutinadora das forças que deram o golpe. A escola patrocinava cursos sobre política, com ênfase na segurança nacional, para militares e civis de nível universitário, "diplomando-os" e criando uma espécie de clube em defesa dos seus princípios. Desde o final da década de 1950, o governo norte-americano passou a brindar os diplomandos com uma visita aos Estados Unidos e uma honrosa entrevista com o seu presidente.

É supérfluo ressaltar que os cursos da ESG jamais foram frequentados por trabalhadores: a simples obrigatoriedade do diploma universitário já os eliminava. O general Juarez Távora chegou a afirmar a um brasilianista que a exigência de curso superior visava afastar da escola aqueles que não ofereciam uma "camaradagem fácil": trabalhadores, evidentemente.

No decorrer da crise, a ESG emergiu como uma fonte de inteligência e de poder. Para os civis, identificar-se com a ideologia de segurança nacional, cultivada pela ESG, era a garantia não só de um caminho "politicamente correto", como também de respaldo político.

Seus alunos logo formariam a Associação dos Diplomandos da Escola Superior de Guerra (Adesg). Além dos militares, participava da Adesg a elite empresarial brasileira, que pregava o golpe abertamente. Prova disso é a declaração de um diretor da Associação Comercial do Rio de Janeiro. Em entrevista ao *Diário de Notícias*, do dia 12 de março de 1964, tal diretor parodiou a famosa frase bíblica, dizendo: "Armai-vos uns aos outros, porque nós já estamos armados". O embaixador Lincoln Gordon também confirmou à revista *Veja*, em 9 de março de 1977, o envolvimento no golpe do diretor da Associação Comercial e Industrial de São Paulo, Alberto Byington Júnior. Dias antes do golpe, o empresário foi aos Estados Unidos comprar gasolina para abastecer a movimentação militar. Há informações de que ele adquiriu grandes quantidades de combustível, pagas com o dinheiro de empresários paulistas e da própria CIA.

O dia do golpe

O golpe teve início com o deslocamento das tropas em Minas Gerais, na madrugada de 31 de março de 1964. O chefe da IV Região Militar, general Mourão Filho, justificou o movimento, alegando que o presidente João Goulart tinha abusado do poder e devia ser afastado. Em vários pontos do país, militares e políticos de direita solidarizaram-se com a movimentação das tropas em Minas. Os governadores de São Paulo e da Guanabara adotaram atitudes francamente golpistas.

O governo federal pouco fez: errou na tática defensiva ou foi incapaz de reagir. O golpe desabou rapidamente sobre a nação. O famoso "dispositivo militar" do general Assis Brasil mostrou-se tão inoperante que muitos acreditam que ele nunca existiu de fato. A pouca resistência possível terminou quando o general Kruel, do II Exército, em São Paulo, pronunciou-se em favor do golpe. Com a adesão de Kruel, anulou-se a estratégia do general Zerbini, que comandava o Vale do Paraíba e poderia resistir em conjunto com o I Grupo de Caças, liderado pelo coronel Rui Moreira Lima.

Começaram as prisões. O governador Carlos Lacerda mandou deter a liderança do CGT e outros sindicalistas, processo que se repetiu nas demais capitais brasileiras. A tentativa de colocar a população nas ruas, em defesa do governo, falhou: a greve dos transportes na cidade do Rio de Janeiro deixou o povo "a pé", sem meios de dirigir-se ao centro, rapidamente ocupado pelos militares.

Em resumo: a defesa foi tão precária que não considerou sequer os avisos de que o golpe tinha data. Já no dia 30 de março, o CGT sabia que a ação seria desencadeada entre os dias 1º e 2 de abril. Mesmo assim, nem o governo nem as lideranças sindicais tomaram providências mais sérias. Para piorar o quadro da ineficiência do governo, ocorreram alguns imprevistos: por exemplo, o general Jair Dantas Ribeiro, ministro da Guerra, caiu abatido por uma crise intestinal e acabou hospitalizado. Pior do que isso foram as informações equivocadas do chefe do "dispositivo militar" de João Goulart, o general Assis Brasil. Segundo ele, o governo contava com o apoio da jovem oficialidade, que dominava a tropa e não permitiria que os generais tomassem nenhuma iniciativa. Há até depoimentos de que o general Assis Brasil deformava a realidade ao seu gosto, vítima do alcoolismo.

Há ainda muitos fatos referentes ao dia do golpe, mas em geral eles acrescentam detalhes pouco importantes, que não modificam o essencial: a queda do governo. Existem, por exemplo, relatos sobre "misérias e grandezas", como o do diálogo telefônico travado entre João Goulart e o general Kruel. De acordo com uma das versões, quando o general notificou o presidente de que estava passando para o outro lado, Jango foi "mole" e não percebeu a gravidade do momento – apenas sugeriu uma conversa pessoal, durante a qual se faria um acordo entre a Presidência e o Exército, com o afastamento dos comunistas do governo. Outra versão do mesmo telefonema diz que ao ouvir de Kruel o pedido para que se afastasse ou denunciasse os comunistas, para salvar o seu mandato, João Goulart teria respondido:

> General, eu não abandono os meus amigos. Se essas são as suas condições, eu não as examino. Prefiro ficar com as minhas origens. O senhor que fique com suas convicções. Ponha as tropas nas ruas e traia abertamente.

Digno e "duro" ou medroso e "mole", o fato é que o governo caiu.

A resistência ensaiada por Leonel Brizola, no Rio Grande do Sul, também falhou. Os acontecimentos do dia 31 de março de 1964 até a saída de João Goulart do país envolveram muitas ações pessoais, por isso fica difícil analisá-los com justiça. Os depoimentos de ambos os lados são emotivos, muitas vezes irados, deformando a realidade. Nesse caso, misturam-se "grandezas e misérias" humanas, coragem, medo, bom senso e loucura, conturbando o entendimento. E não se muda o fato real: a direita venceu.

Pequena cronologia do golpe

O que vimos até aqui explica as forças políticas e econômicas, internas e externas, que derrubaram um governo reformista e implantaram uma ditadura no Brasil.

Vamos resumir cronologicamente, sem comentários, a sequência de fatos até a tomada efetiva do poder pelos golpistas.

25 ago. 1961	Renúncia de Jânio Quadros.
27 ago. 1961	Brizola anuncia a resistência e mobiliza o povo gaúcho.
28 ago. 1961	Militares vetam a posse de João Goulart.
2 set. 1961	O Congresso aprova o parlamentarismo; João Goulart concorda.
7 set. 1961	Posse de João Goulart.
6 jan. 1963	Revogado o parlamentarismo; volta o presidencialismo.
13 mar. 1964	Comício das Reformas de Base.
19 mar. 1964	Marcha da Família com Deus pela Liberdade, em São Paulo.
20 mar. 1964	Castelo Branco distribui circular aos oficiais.
31 mar. 1964	Tropas do IV Exército partem de Juiz de Fora (MG).
1º abr. 1964	Kruel, do II Exército (SP), adere ao golpe.
2 abr. 1964	João Goulart sai do país e asila-se no Uruguai.
3 abr. 1964	Os Estados Unidos reconhecem o "novo governo", antes mesmo de ele se formar.
9 abr. 1964	Promulgado o Ato Institucional nº 1.
10 abr. 1964	Primeira lista de políticos e personalidades cassados.
11 abr. 1964	Castelo Branco torna-se presidente do Brasil.

Antes de abordarmos a ditadura, ainda há muito o que dizer.

4. Raízes econômicas do golpe

O GOLPE MILITAR DE 1964 VINHA SE GESTANDO HAVIA ANOS. PODEROSOS GRUPOS ECONÔMICOS NÃO ACEITAVAM MUDANÇAS QUE IMPLICASSEM A PERDA DOS SEUS PRIVILÉGIOS. AS REFORMAS PODERIAM ALTERAR O EIXO ECONÔMICO, ABALANDO A ALIANÇA DAS BURGUESIAS INDUSTRIAL E FINANCEIRA COM O CAPITAL ESTRANGEIRO. ENTÃO, OS MAIS PODEROSOS GRUPOS ECONÔMICOS DO BRASIL FINANCIARAM O GOLPE.

Além das aparências

Um golpe de extrema violência institucional como o de 1964 possui raízes mais profundas do que sugerem as suas motivações aparentes. A aliança da classe média com a direita não significou, necessariamente, a aceitação do projeto golpista: resultou do medo, próprio da alienação pequeno-burguesa.

A seu modo, a classe média discorda das injustiças sociais e condena os privilégios da grande burguesia. Porém, tradicionalmente, mesmo quando assume posições "revolucionárias", como em 1930, procura aprimorar juridicamente o sistema, trocar os homens do governo sem alterar a estrutura econômica ou a natureza do regime político.

A explicação, como já vimos, está no medo das mudanças. Medo que deriva da alienação; alienação que é fruto da falta de educação política, que, por sua vez, embora reflita uma situação de classe, decorre também da inexistência de partidos com projetos sociais sólidos.

Tudo isso tem uma origem. Onde se apoia esse fenômeno? Por que as suas raízes indicam caminhos sempre reacionários, nas grandes mudanças institucionais? A resposta a essas perguntas demonstra que o golpe de 1964 é uma consequência, não um ponto de partida.

Autonomia e dependência

Entre 1953 e 1954, o governo de Getúlio Vargas buscava o desenvolvimento baseado nas forças internas do país, dissociando-se do capital estrangeiro: sofreu uma fortíssima oposição das elites econômicas aliadas ao capital norte-americano. Porém, a derrota do projeto autônomo nacionalista não significou o fim da luta; ao contrário, os nacionalistas e a esquerda passaram a denunciar cada vez mais vigorosamente o "entreguismo" e a interferência do "imperialismo internacional". Os governos seguintes debateram-se na mesma crise. E a resistência política avolumou-se à medida que a situação do povo ia piorando.

Em 1951, bastava uma hora do salário mínimo para comprar 416 gramas de carne de primeira; em 1962, uma hora equivalia a 224 gramas. Em números reais, entre 1958 e 1961, os salários da indústria paulista baixaram, proporcionalmente, de 10 para 4, ou seja, apresentaram uma queda de 60%.

As metas econômicas e políticas do governo João Goulart esboroaram-se diante dessa realidade. A classe média e o operariado sentiam no estômago a crise que o governo não conseguia resolver e só prometia superá-la com mudanças que atemorizavam a pequena burguesia. Em 1962, a inflação chegou a 50% ao ano (naquela época, uma calamidade). Como sabemos, essa alta inflacionária foi, em parte, consequência do estrangulamento econômico provocado pelo governo norte-americano.

Mas isso não impediu que o presidente Kennedy desse entrevistas aos jornais brasileiros mostrando-se alarmado com a nossa conjuntura e ameaçando: "O Brasil deve tomar providências, pois não há nada que os Estados Unidos possam fazer para beneficiar o povo brasileiro, enquanto a situação monetária e fiscal for tão instável". Quer dizer, o presidente norte-americano fazia pressão para impedir as mudanças sociais, apoiando as forças que combatiam as Reformas de Base.

Era (e é) difícil explicar ao povo tal contexto. Além de não conseguir explicar, o governo João Goulart capitulava, colocando no seu Plano Trienal – que teoricamente deveria libertar o país do capitalismo internacional – mecanismos que acatavam as normas do FMI. A tão proclamada Lei da Remessa de Lucros, que limitava o envio de dólares das empresas estrangeiras aos seus países de origem, teve um trajeto complicado. A partir da sua aprovação, em outubro de 1962, passaram-se quase dois anos até a sua regulamentação, e, logo a seguir, o presidente foi deposto.

Os empréstimos externos são vitais para uma economia dependente. Entre 1953 e 1961, o Banco Mundial emprestou ao Brasil cerca de US$ 16,6 milhões anualmente, totalizando US$ 149,5 milhões. No governo João Goulart, entre 1962 e 1963, não houve sequer um empréstimo. Depois desse bloqueio, entre 1964 e 1977, o Banco Mundial emprestou ao regime militar US$ 2,96 bilhões, o que representa uma média de US$ 211,6 milhões por ano. O FMI, o Banco Mundial e os norte-americanos discursavam em favor da democracia, mas os dólares só eram dados às ditaduras.

O mito da "pureza" militar

A dramática situação econômica repercutia intensamente no debate político. Desde a posse de João Goulart, os militares surgiram como a chave para qualquer saída. Além do questionamento de ordem política e hierárquica nos quartéis, insuflado pela ESG, pelo Ibad-Ipes, na imprensa e em conferências, havia uma campanha embalada pelo clima psicológico na caserna.

A psicologia militar merece ser rapidamente analisada. Os militares são formados e treinados com um objetivo básico, às vezes único: a guerra. Como os exércitos latino-americanos não tinham perspectivas de guerrear, toda uma formação pessoal e profissional ficava frustrada. Essa é uma das razões por que as Forças Armadas são facilmente seduzidas pela política nos países subdesenvolvidos: nada têm a fazer.

No Brasil, nos tempos modernos (excetuando-se a rápida participação como "coadjuvante" na 2ª Guerra Mundial), o principal papel das Forças Armadas limitou-se à "arbitragem" de disputas políticas quando há o risco de ruptura constitucional. Isso estimula o espírito de casta. Sem guerra – quer dizer, sem função útil e sem trabalho –, chamados a resolver situações que supostamente escapam ao controle da sociedade, os militares isolam-se em um sentimento artificial de superioridade. A própria nação aprendeu equivocadamente a ver os militares – até que a ditadura quebrou essa imagem – como uma corporação pura, incapaz de atos corruptos. As correntes de direita na época souberam explorar esse sentimento, convocando a tropa para "limpar" o Brasil dos perigos sindicalista, comunista, corruptor etc. Enfim, os militares teriam de "cumprir um dever patriótico"; eles iriam "sacrificar-se pela pátria".

No primeiro momento, quando se impõem pela força e "serenam" a nação, há um suspiro de alívio: os militares restabeleceram a ordem e a segurança, eliminando o risco de uma conflagração que levaria o país ao caos.

Porém, em 1964 os militares não vieram para "pacificar" a nação. Tinham um projeto político originário da ESG. Estimulado por forças internas e externas, apoiado na Doutrina de Segurança Nacional, esse projeto mostrou-se autoritário, liquidando o processo democrático, além de caótico, suicida no campo econômico. E em poucos anos passou-se do milagre ao pesadelo. Um pesadelo do qual o Brasil não consegue despertar.

O modelo dependente

Não só as gestões corruptas dissiparam as reservas e o potencial econômico do Brasil. O governo Dutra (1946-1950), por exemplo, recebeu a respeitável reserva cambial de US$ 708 milhões. Dezoito meses depois, as reservas brasileiras foram a zero. O governo privilegiou as importações, comprando bugigangas de plástico e sobras de guerra imprestáveis dos Estados Unidos. O país não se livrou mais dessa subserviência. Ao contrário, o governo Dutra acomodou-se na submissão às finanças internacionais. Em 1947, quando as reservas acabaram e a mínima parcela da opinião pública existente assustou-se, o seu ministro da Fazenda, Correia e Castro, deu a receita para o futuro:

> É da essência da economia latino-americana, e o Brasil nesse conjunto está integrado, certa concentração de esforços na exportação de matéria-prima e de gêneros alimentícios, bem como na importação de ampla variedade de artigos manufaturados e de comestíveis industrializados.

Trata-se do modelo da dependência, do conformismo em manter-se uma sociedade eternamente pobre. A herança colonialista e a disposição presente em 1947 agravaram o contexto brasileiro e transformaram a nossa economia em apêndice do capitalismo mundial. As tentativas de mudar esse panorama, por vários caminhos, sempre provocaram crises políticas. Desde o governo seguinte – de Getúlio Vargas, que acabou com um tiro no coração – até a ditadura militar, que agonizou depois de um "milagre", jamais se encontrou uma rota de independência e sempre se ampliou a crise institucional.

As contradições do desenvolvimento

Ao contrário do que sugere esse quadro, o Brasil não é um país inviável. Graças ao seu forte potencial econômico, tem suportado a subserviência das políticas governamentais com focos de grande desenvolvimento industrial. Estimulada principalmente pelo último governo de Getúlio Vargas, que em 1951 criou o Conselho Nacional de Pesquisas, a produção industrial aumentou três vezes de 1949 a 1959. Os cientistas receberam apoio e as suas pesquisas aceleraram o processo industrial.

Esse surto desenvolvimentista abriu mercados, provocando o aparecimento de novas exigências; mas, após 1960, constatou-se que o aumento do consumo superava o esforço produtivo. Em 1955, por exemplo, o Brasil produziu 300 mil toneladas de petróleo, subindo para 5 milhões de toneladas em 1963. No entanto, tal incremento mostrou-se insuficiente diante do crescimento populacional e da demanda: seria preciso, agora, produzir pelo menos cinco vezes mais. O mesmo ocorria no setor de cimento e no de aço, cuja produção satisfazia apenas 20% das necessidades do mercado em expansão. Ou seja, havia um potencial de desenvolvimento anulado pela incapacidade ou incompetência de oferecer o material básico. Isso era compensado pelas importações, ampliando o grau de dependência externa e cerceando a empresa nacional, reduzida a abastecer uma pequena faixa do mercado.

Se a situação se tornou ruim para a nação, manteve-se boa para os empresários, que viam os seus produtos valorizados. Daí a facilidade de as elites econômicas associarem-se ao capitalismo internacional, gravitando financeiramente em torno dos empréstimos estrangeiros.

Para agravar o quadro, o principal item de exportação do Brasil, o café, passou a render cada vez menos dólares. De 1955 a 1963, os preços internacionais do café caíram, obrigando o país a exportar mais para obter a mesma quantia de dólares. Isso significava custos maiores na produção e redução de lucro, chegando mesmo ao prejuízo: a produção era financiada pelo governo, que pagava preços irreais aos fazendeiros, pois precisava dos dólares da exportação para equilibrar a balança comercial – o que nunca se conseguia satisfatoriamente, recorrendo-se aos empréstimos.

A nação perde, as elites ganham

O potencial brasileiro anulava-se em consequência desse modelo dependente. Os resultados do desenvolvimento diluíam-se para "compensar" a dependência dos investimentos e das importações. No governo Juscelino Kubitschek (1955-1960), por exemplo, construíram-se três novas hidrelétricas, que aumentaram a produção de energia para 5 milhões de quilowatts, atenuando a crise existente até aquele momento. A produção de petróleo cresceu quase vinte vezes: a Petrobras elevou as nossas reservas de 50 milhões para 700 milhões de barris e os poços perfurados chegaram a 227, contra os 47 anteriores.

Os 2300 quilômetros de rodovias asfaltadas subiram para 5800. Juscelino recebeu o governo com capacidade de estocar nos seus silos 85 mil toneladas e a ampliou para 500 mil. A produção de ferro e de aço praticamente dobrou, saltando de 1,2 milhão para 2,3 milhões de toneladas/ano. Exportou-se quase três vezes mais minérios: de 2,5 milhões para 6 milhões de toneladas/ano. No seu governo, instalou-se a indústria automobilística. Em resumo, o desenvolvimento industrial foi fantástico. No que resultou? No aumento dos contrastes sociais internos e na multiplicação da dependência externa, com uma dívida acumulada que sangrava a economia nacional.

Todas essas contradições decorriam do modelo dependente. Mesmo governos nacionalistas como o de Getúlio Vargas, eventualmente dispostos a romper o cerco internacional, obtinham apenas resultados parciais. A fundação da Companhia Siderúrgica Nacional (CSN), por exemplo – uma das fontes do desenvolvimento no período JK –, só se viabilizou após a anuência da United Steel Corporation, que se recusou a operar no Brasil. Os investimentos para a siderurgia nacional entraram com o aval do governo norte-americano e foram providos pelo Export-Import Bank.

É uma tática do capitalismo internacional a que o Brasil sucumbiu. Quando o governo reage e consegue editar algumas leis para inibir o processo espoliativo, entra em cena a sabotagem das elites nacionais, que lucram com a sangria de dólares para o estrangeiro. Um bom exemplo ocorreu no governo Getúlio Vargas, no episódio da lei que limitava a 10% a remessa de lucros. A Superintendência da Moeda e do Crédito (Sumoc), órgão que fiscalizaria os limites legais, negou-se a cumprir o decreto, recorrendo a artifícios legais baseados no equilíbrio da balança de pagamentos.

A pressão vinha da empresa privada. Conforme denunciou o presidente Getúlio, em 21 de dezembro de 1953:

> [As empresas privadas] têm em cruzeiros duzentas vezes o capital que empregaram em dólares para levá-los para o estrangeiro a título de dividendos. Em vez de os dólares produzirem cruzeiros, os cruzeiros é que estão produzindo dólares e emigrando.

Pobres enriquecendo os ricos

Essa situação explica a existência de tantos golpes e de tantas "revoluções" nos países subdesenvolvidos. As nações industrializadas do mundo capitalista ficam com 85% da renda de toda a produção mundial, incluída a dos países subdesenvolvidos. À América Latina cabe 7% dessa renda. Não é possível reverter o grau de miserabilidade sem mudanças estruturais. Como o capitalismo sobrevive pela lei do mais forte, naturalmente os movimentos políticos que sugerem mudanças no sistema sofrem a interferência externa. Para que essa interferência seja efetiva, é preciso criar, no mundo subdesenvolvido, elites que lucrem com a espoliação e, por isso, associem-se ao processo espoliativo.

Trata-se de um processo doloroso. Entre 1965 e 1968, por exemplo, investiu-se na América Latina US$ 1,1 bilhão. No mesmo período, a América Latina remeteu de lucros aos Estados Unidos US$ 5,4 bilhões. Ou seja, 4,9 vezes mais do que o montante investido, apurando um saldo negativo para os subdesenvolvidos de US$ 4,3 bilhões.

Esse sistema foi aplicado em todo o mundo, até na Europa capitalista. No entanto, em 1965 os países europeus devolveram como "remessa de lucros" aos Estados Unidos apenas 20% dos investimentos recebidos. Assim, não constitui exagero afirmar que os lucros absurdos extraídos dos povos subdesenvolvidos financiam as nações ricas, especialmente as da Europa, via Estados Unidos.

Caem por terra as análises que atribuem a pobreza e o atraso "apenas" à incompetência gerencial dos governos dos países do Terceiro Mundo. Além dessa incapacidade, e muito mais do que ela, vigora um sistema injusto, espoliativo, demonstrando que, quanto mais se investe em país pobre, mais ele fica pobre. O caso do Brasil é típico: crises seguidas e dívida externa aumentada a ponto de só poder pagá-la com o aumento da dívida interna.

Não há nenhuma novidade nesse fato: ele representa mais um episódio da nossa tradição de enriquecer o estrangeiro. No começo do século XX, quando essa situação não era tão grave como hoje, foi denunciada pelo jurista Alberto Torres, em *O problema nacional brasileiro*:

> Toda a nossa fictícia circulação econômica é obra, assim, de uma federação de feitorias que, desde as vendas do interior até as casas de importação e exportação, as estradas de ferro, as fábricas, o comércio intermediário e os bancos (...) não fazem senão remeter, para o exterior, em produtos, lucros comerciais, industriais e bancários, rendas de várias naturezas, a quase totalidade dos frutos da nossa terra.

No cerco ao governo João Goulart, os Estados Unidos reduziram drasticamente os investimentos no Brasil. Em 1961 e 1962, foram aplicados US$ 21 milhões, mas a remessa de lucros chegou a US$ 59 milhões (um superávit, portanto, de US$ 38 milhões). No período mais crítico, quando as relações econômicas encontravam-se praticamente cortadas, ainda tiravam do país quase três vezes mais do que aplicavam: um lucro impossível em qualquer país desenvolvido.

Um estudo da Comissão Mista Brasil-Estados Unidos verificou que, entre 1939 e 1952, a remessa de dólares para os Estados Unidos foi sessenta vezes maior do que a renda líquida dos investimentos. Para evitar a repetição de números, vamos apenas destacar que, de 1947 a 1958, o Brasil arcou com um prejuízo de US$ 1,06 bilhão nesse processo.

Mesmo assim, o país conseguiu, de 1930 a 1964, formar um respeitável parque industrial. Em 1960, 90% do mercado interno já era suprido pela indústria nacional. Na ocasião, acreditava-se em um futuro promissor: vários economistas brasileiros e estrangeiros afirmavam que o Brasil estava em via de transformar-se em uma média potência industrial. No entanto, a própria expansão industrial criava novas necessidades (de mercado e de modernização), que exigiam mais investimentos para suprir as deficiências geradas. Mas a sangria de dólares impedia esse salto à frente.

Os cartéis

O processo de espoliação tinha um componente agravante: a "cartelização" da indústria. A cartelização caracteriza-se pela união de várias empresas fornecedoras do mesmo produto que planejam em conjunto o monopólio do mercado. Elas regulam entre si produção, qualidade, distribuição, preços etc., de modo a controlar o mercado e impossibilitar a atuação da concorrência, que poderia diminuir os lucros ou baixar os preços. Evidentemente, eliminam do setor as empresas que não se ajustam às suas normas. Agindo em comum acordo, conseguem subir artificialmente os preços, simular a falta de produtos etc.

Em 1964, o Brasil foi vítima de um dos mais poderosos cartéis do mundo: o da eletricidade. Formado pela General Electric, Siemens, AEG, Asea, Induselet-Westinghouse, Brown Boveri e Line Material Hitachi, ele praticamente destruiu a indústria de eletricidade brasileira, que na época era autossuficiente para o nosso mercado.

O Special Arrangement, firmado pelas componentes do cartel, dá a dimensão da ousadia dessas multinacionais. Esse acordo previa a doação de 2% do produto das suas vendas para um fundo que serviria de "reserva de combate" para anular os que se opusessem às suas ações. Estipulava que, se uma delas quebrasse o compromisso – por exemplo, baixando os preços sem o consentimento das parceiras –, "será sistematicamente combatida pelas demais, que se alternarão no combate". Dados e documentos sobre o assunto são exaustivamente apresentados no livro do empresário Kurt Mirrow, *A ditadura dos cartéis*.

Mas os monopólios podem se valer de outros artifícios e causar danos ainda maiores: por exemplo, com a instalação de uma indústria obsoleta no Brasil, apelando para a Instrução 113, uma lei de liberação cambial. Essa legislação permitiu que empresas estrangeiras – em especial norte-americanas – colocassem no Brasil equipamentos de até 25 anos, já em desuso nos países de origem. As máquinas entravam protegidas e eram registradas aqui como "capital estrangeiro". No entanto, os empresários nacionais não tinham franquias cambiais para realizar a importação de maquinário. A diferença entre o câmbio favorecido pela Instrução 113 e o câmbio real (pago pelos brasileiros) chegava, às vezes, a 100%.

Essa prática, inaugurada em agosto de 1954, na gestão Café Filho, após o suicídio de Getúlio, e frequente no governo JK, impediu a modernização da indústria genuinamente nacional: esta ficou parada no tempo, com as suas velhas máquinas, conforme atesta exemplarmente a história da nossa indústria têxtil. Por outro lado, possibilitou que os industriais estrangeiros se livrassem dos seus equipamentos ultrapassados e, com eles, produzissem no Brasil artigos de qualidade inferior e mais caros. Esse foi, e ainda continua sendo, o caso da indústria automobilística.

O processo de sucateamento – decorrente da paralisia da indústria nacional combinada com a instalação de uma indústria multinacional obsoleta – foi tão flagrante e grave que até a burguesia nacional, sempre aliada ao capital estrangeiro, reclamou. A Federação das Indústrias do Estado de São Paulo (Fiesp) protestou em 1956: "A permanência da situação é de tal ordem que sua continuação poderá comprometer, de forma irremediável, a própria sobrevivência das nossas atividades industriais".

Em 1957, a Fiesp novamente denunciou que os investimentos do Exterior mais prejudicavam do que ajudavam o desenvolvimento brasileiro. E mais: as multinacionais vinham sem capital de giro e, "aqui chegando, atraem para os seus negócios as escassas disponibilidades de numerário de que dispomos".

Desnacionalização

No período de 1957 a 1960, havia no Brasil cerca de 1,2 mil fabricantes brasileiros de autopeças. Eles foram tragados nesse processo: para vender os seus produtos, tiveram de associar-se aos estrangeiros. O mesmo repetiu-se em várias áreas vitais, como no setor farmacêutico, praticamente liquidado e abocanhado pelas multinacionais.

Lucravam com essa política não só industriais estrangeiros, mas também o sistema financeiro internacional. A Brascan, uma financeira com matriz no Canadá, apurou em um ano (1957-1958) o lucro de 1970%. O jornalista Franklin de Oliveira, em *Revolução e contrarrevolução no Brasil*, informa que a Brascan, com o aval do governo brasileiro, tomava empréstimos no Exterior a juros de 4% e os repassava à sua filial brasileira a 8%. Outra cilada dos empréstimos referia-se à sua destinação: eles eram condicionados a serem gastos nos Estados Unidos. O modelo dependente precisa estabilizar contabilmente a sua balança de pagamentos e, por isso, necessita de dólares. Não existe racionalidade: o Brasil pegou empréstimos que serviram para destruir a sua própria indústria. Em 1958, por exemplo, recebemos empréstimos para comprar vagões dos Estados Unidos. Detalhe: como nós já os fabricávamos aqui, as nossas empresas do ramo foram fechadas.

Dessa maneira se explica a desnacionalização de várias indústrias, entre elas a Fábrica Nacional de Motores (FNM), que acabou nas mãos da Alfa Romeo. Todo esse sistema de dominação não se faz apenas pela cupidez do lucro. Trata-se também de uma questão estratégica para os Estados Unidos, que dependem das matérias-primas da América Latina. E uma das formas de obtê-las a baixo preço é impondo um modelo dependente. Embora registre grandes reservas minerais, o território norte-americano não possui minérios de ferro de alto teor, de manganês, monazita e nióbio, entre outros, que são comprados do Brasil. O diplomata Adolf Berle já afirmou que os Estados Unidos não poderiam sobreviver sem a matéria-prima da América do Sul:

> Estrategicamente, a posição dos Estados Unidos seria muito precária (...) a simples perda de matérias-primas constrangeria a economia americana, em tempo de paz, e reduziria o seu potencial a um ponto abaixo da linha de perigo, em tempo de guerra.

Economês – causa e efeito

Por que tanto *economês* se este livro aborda o golpe de 1964 e a ditadura militar?

Porque essa situação econômica foi, mais profundamente, a causa do golpe de 1964. João Goulart tentou romper o modelo dependente, estabelecendo um ponto de partida para a independência econômica do Brasil. Seria uma ruptura significativa na ordem internacional. As contradições internas e a fragilidade do governo João Goulart impossibilitaram o avanço do projeto. No entanto, precisamos conhecê-lo, mesmo que não tenha os atrativos dos relatos de lutas políticas, guerrilhas e torturas. Se não o fizermos, falaremos dos efeitos sem conhecer as causas.

Não se pode ignorar, por exemplo, que o capitalismo internacional, por meio do FMI e associados, dirigia de fato a economia brasileira desde o governo JK. Esse domínio fortaleceu-se com a aplicação da Instrução 113, que facilitou a cartelização do mercado e a entrada de máquinas obsoletas no Brasil.

No período JK, houve também o redirecionamento do "progresso". Getúlio havia investido nas indústrias de base (petróleo, aço etc.), mas JK mudou o rumo para a produção de bens de consumo. Isso levou à desnacionalização da indústria. Convém não confundir os termos: a nacionalização da indústria não significa estatização, mas sim a criação de indústrias de base, geradoras de bens de capitais, que buscariam uma produção dirigida aos interesses da nação. Assim, teríamos o essencial em vez de supérfluos, ou seja, tratores, e não automóveis; alimentos para o povo, e não mercadorias para a classe média alta. Não se trata de afirmar que Getúlio Vargas ou João Goulart conseguiriam realizar os seus projetos. Na verdade, a intenção não é defender esses governos, mas acentuar que, naqueles contextos, eles representaram a única alternativa independente que, por várias razões, frustrou-se.

A situação brasileira era tão crítica que foi necessário forjar outro modelo para contrapor-se ao projeto reformista de Jango. Tomando a frente, os norte-americanos ofereceram ajuda econômica, por intermédio da Aliança para o Progresso. Tal auxílio daria à América Latina uma taxa de crescimento de 2,5% ao ano. Menos que um paliativo, essa proposta resumiu-se a um mero engodo: para atingir o nível de vida norte-americano, a partir dos 2,5% anuais, seriam precisos quinhentos anos...

Renda *per capita*: US$ 8 mensais

Em 1963, ano-chave da economia brasileira para a queda de João Goulart, o aumento na produção de matérias-primas para a indústria reduziu-se a 4%, contra os 11% registrados em 1962. A agroindústria caiu de 6% para 0,1%; a energia elétrica ficou em 5,2%, contra os 11,2% do ano anterior; e o setor farmacêutico apresentou a taxa de 3,2% (16,5% em 1962). A indústria como um todo, que havia crescido 11% em 1962, só atingiu, no ano seguinte, os 2,8%. Esses indicadores demonstram claramente como a vida do povo piorou. Eles resultaram do cerco internacional ao governo João Goulart e também da própria incapacidade governamental de romper esse cerco, aplicando uma política econômica adequada.

Em consequência, a inflação chegou aos 50%. A renda média anual no Nordeste despencou para US$ 100, ou seja, US$ 8,3 mensais. Não é preciso dizer mais. Ou é. Porque 50% de inflação não revela que os preços, no período, subiram mais de 100% (são as mágicas das estatísticas brasileiras). Se computarmos o salário real dos últimos vinte anos – até 1964 –, constataremos que o salário mínimo real baixou 75%.

Para avaliar as dimensões da crise, basta lembrar que, em 1945, o custo de vida subiu 6%; em 1950, chegou a 11%, quase dobrando escandalosamente para 21% em 1952. Só nos primeiros seis meses de 1963, o custo de vida subiu 31% e, no segundo semestre, 75%. A soma desses aumentos potencializou-se com a paralisia econômica de 1964, atingindo níveis insuportáveis para qualquer análise que considere a dignidade do ser humano.

Ao estudarmos o golpe de 1964 e a ditadura militar, não podemos desprezar esses dados. Eles estão na raiz da tragédia brasileira.

5. Ideologia e geopolítica

Em 1964, o mundo dividia-se entre os Estados Unidos e a União Soviética. No Brasil, a ESG, criada nos moldes da sua similar norte-americana, cultivava a Doutrina de Segurança Nacional. Entre os militares, destacava-se o coronel (depois general) Golbery do Couto e Silva, com a sua teoria geopolítica, que propunha uma aliança irrestrita, política e militar com os Estados Unidos. Esses militares tiveram o apoio de Lincoln Gordon, embaixador norte-americano no Brasil.

O mundo dividido

Se há um conteúdo econômico na raiz do golpe de 1964, que formas políticas ele assumiu? Inúmeras, mas entre elas se destacou o "casamento" da geopolítica com a Doutrina de Segurança Nacional, que condicionou ideologicamente o regime militar.

Quando o Brasil demonstrou que poderia emergir como uma potência industrial no chamado "mundo subdesenvolvido", aconteciam vários movimentos políticos por mudanças revolucionárias na periferia do capitalismo. Os Estados Unidos sentiram-se ameaçados e forçaram o domínio geopolítico na sua área de influência. Na América Latina e na África, a presença norte-americana vinha sendo combatida pela atuação de Cuba, que ocorria tanto no plano ideológico, exportando a revolução, quanto na prática, com o envio de revolucionários e armas para os focos "rebeldes".

Devido ao seu potencial físico e econômico, ao aumento da popularidade das esquerdas e ao anúncio de reformas sociais, o Brasil foi um dos principais alvos da intervenção norte-americana. A situação internacional (divisão do mundo em dois blocos) favoreceu essa política, uma vez que a União Soviética reconheceu o direito de os Estados Unidos controlarem a América Latina.

Em consequência desse acordo entre as duas potências, fortaleceu-se a geopolítica brasileira, liderada pelo general Golbery do Couto e Silva. O projeto do general pretendia uma supremacia da geopolítica brasileira no Cone Sul – Argentina, Brasil, Chile, Paraguai e Uruguai –, submetendo-se à política internacional dos Estados Unidos. Esse programa emergiu à medida que as reformas do governo João Goulart irritaram a grande burguesia brasileira. Então, o golpe e a posterior ditadura possibilitaram a geopolítica do general Golbery, apoiada no plano interno pela Doutrina de Segurança Nacional.

A geopolítica de Golbery

Antes de examinar as ideias do general Golbery, convém entender de que geopolítica se trata. A geopolítica do general Golbery não é uma "ciência" e interessa-nos a sua prática no Brasil. Aqui, como na Alemanha pós-década de 1920, ela transformou-se em importante auxiliar daqueles que defendiam um Estado autoritário. Forneceu, juntamente com a Doutrina de Segurança Nacional, a base ideológica da ditadura. Poucos historiadores analisam tal geopolítica como um dos componentes principais do golpe militar de 1964. Por ser incoerente e sustentar ideias anacrônicas e absurdas, não desperta respeito. No entanto, considerando o resultado do seu uso, ela desempenhou um papel fundamental. Principalmente porque essas ideias, elaboradas de acordo com um paralogismo que caiu como uma luva para os militares, foram aplicadas.

Em seu livro *Geopolítica do Brasil*,[10] o general Golbery afirma que vivíamos uma guerra universal, permanente, uma luta entre o Bem e o Mal. O Bem, certamente, corresponderia à liberdade defendida pelas democracias ocidentais, lideradas pelos Estados Unidos. E o Mal estaria no comunismo que a (extinta) União Soviética desejava impor ao mundo. Se não entendêssemos essa "esfinge", sucumbiríamos. A linguagem do general é apocalíptica:

> Essa é a guerra – total, permanente, global, apocalíptica – que se perfila, desde já, no horizonte sombrio de nossa agitada época. E só nos resta, nações de qualquer quadrante do mundo, prepararmo-nos para ela, com determinação, com clarividência e com fé.

Para vencer a terrível batalha internacional que se avizinhava, seria necessário preparar internamente a nação. Seria preciso implantar a Doutrina de Segurança Nacional e, para isso, decidir-se por uma escolha vital. O conselho do general inspira-se no ministro nazista Goering, que ele cita sem o menor pudor:

> Essa é a origem de um novo dilema – o do bem-estar e o de Segurança – assinalado por Goering em dias passados, sob a forma menos justa mas altamente sugestiva de seu conhecido *slogan*: "mais canhões e menos manteiga". E, na verdade, não há forma de eludir a necessidade de sacrificar o bem-estar em proveito da Segurança, sob condição de que esta se veja realmente ameaçada. Os povos que se negaram a admiti-lo aprenderão no pó da derrota a lição merecida.

[10] Trabalhamos com a edição mexicana, retraduzindo-a para o português. Podem existir, portanto, algumas diferenças entre o texto original e o traduzido, mas que não alteram, absolutamente, as ideias do general.

A aplicação da sua geopolítica, colocando a Segurança acima do bem-estar, previa uma aliança internacional que se submetesse à supremacia do mais forte. No momento em que o governo João Goulart anunciou medidas que levariam, no plano econômico, ao fim da interferência dos Estados Unidos, as ideias do general Golbery ganharam força, inicialmente dentro da ESG e, a partir daí, entre as elites sociais e econômicas.

Citando geopolíticos como Ratzel, que contribuíram para fortalecer a ideologia nazista, o general afirma que:

> Os países fortes tornam-se cada vez mais fortes, e os fracos, mais fracos a cada dia; as pequenas nações se veem repentinamente reduzidas à humilde condição de estados pigmeus e já se lhes profetiza abertamente um final obscuro, sob a forma de inevitáveis integrações regionais; a equação de poder do mundo se simplifica (...) a apenas raras constelações feudais de estados-barões rodeados de satélites e vassalos.

Isso quer dizer: quem se aliar ao grande líder poderá se transformar em *estado-barão*, assimilando geograficamente ou dominando economicamente os vizinhos fracos. Essa avaliação, carinhosamente acalentada pelos adeptos das teorias do general Golbery, deu origem ao tão denunciado "expansionismo brasileiro". Tal tendência, implícita na geopolítica de Golbery, concretizou-se depois do golpe, derrubando governos na Bolívia, explorando economicamente o Paraguai (até mesmo pela ocupação das suas áreas fronteiriças ao Brasil), planejando a invasão do Uruguai e, ainda, oferecendo homens e estratégia para derrubar Salvador Allende, presidente constitucional do Chile.

A conjugação de vários fatores – econômicos, políticos, sociais e ideológicos – fortaleceu a geopolítica e a Doutrina de Segurança

Nacional disseminadas pela ESG. Convém lembrar que o general Golbery não era apenas um teórico, mas um grande organizador, como atestam as suas atuações no Ibad-Ipes, no SNI e à sombra dos governos militares. Assim, é impossível não valorizar a sua geopolítica como forma de veicular o conteúdo das raízes do golpe de 1964.

É dando que se recebe

Como seria possível o Brasil tornar-se um *estado-barão* e exercer a liderança no Cone Sul?

Segundo as ideias do general Golbery, a receita era simples, e cínica dentro de uma brutal sinceridade: entregando as nossas riquezas aos Estados Unidos, que nos dariam, em recompensa, o direito de aplicar a força contra os vizinhos vassalos. De acordo com Golbery:

> (...) quando entre nossos vizinhos hispano-americanos recrudesce indisfarçável uma oposição aos Estados Unidos que se mascara de Terceira Posição ou que outro rótulo tenha (...) o Brasil parece estar em condições superiores, por sua economia não competitiva, por sua larga e comprovada tradição de amizade e, sobretudo, pelos trunfos de que dispõe para uma barganha leal – o manganês, as areias monazíticas, as posições estratégicas do Nordeste e da embocadura amazônica com seu tampão da Marajó – de negociar uma aliança bilateral mais expressiva, que não só nos assegure os recursos necessários para concorrermos substancialmente na segurança do Atlântico Sul e defendermos, se for o caso, aquelas áreas brasileiras tão expostas a ameaças extracontinentais contra um ataque envolvente ao território norte-americano via Dacar-Brasil-Antilhas.

Para o general Golbery, havia uma ameaça contra os Estados Unidos que nos envolvia. A "segurança" do Brasil dependeria, portanto, da nossa cooperação na defesa do território norte-americano. Não importa o absurdo da interpretação, mas os resultados práticos que essa análise implicou. O general sugere que ofereçamos o território brasileiro do Nordeste como base militar aos Estados Unidos, para deter o hipotético "ataque" comunista que viria da África. Com uma ressalva: "Mas, por outro lado, o direito de utilização de nosso território, seja para o que for, é um direito exclusivo de nossa soberania que não devemos, de nenhuma forma, ceder por um prato de lentilhas".

Se não seria por "um prato de lentilhas", em troca de que cederíamos o Nordeste?

Em troca de exercermos, com o apoio dos Estados Unidos, o nosso "destino manifesto" de influir no Cone Sul. Para viabilizar esse objetivo, Golbery defendia a teoria das "fronteiras ideológicas". A segurança do Brasil exigiria, além de fronteiras físicas, limites "ideologicamente" instalados nos governos "exóticos" de vizinhos com regimes contrários ao nosso. Tal situação nos daria autoridade para intervir, mesmo militarmente, derrubando-os.

Isso pode parecer um plano insano, mas teve papel importante no modelo que se implantou no Brasil e aplicou suas ideias, interferindo diretamente nos países do Cone Sul. E o general ia além, afirmando que a atuação brasileira poderia se estender à África:

> (...) devemos preparar-nos, na América Latina, para dar uma mão a qualquer de nossos vizinhos, na defesa de um inigualável patrimônio comum, contra qualquer investida exótica. Como segunda prioridade, devemos aprontar-nos também para cooperar, se for necessário, na defesa da África, contra um expansionismo soviético que desde já nos ameaçará diretamente.

Na sequência, Golbery propõe, como "prioridade 3", ajudar até a Europa a se defender da "covarde ideologia comunista", chegando a sugerir que se auxiliasse Portugal a manter as suas colônias na África. Não fosse o receio de ocupar muito espaço, poderíamos continuar citando o general. No entanto, o que vimos até aqui já é suficiente para prosseguirmos a nossa análise.

Perda de identidade

Esse conjunto de ideias subiu ao poder com o golpe de 1964. Passou-se a entender a realidade brasileira como se existisse uma "guerra revolucionária", o que intensificou a aplicação da Doutrina de Segurança Nacional. O resultado foi uma repressão jamais vista, em um estado policial que se utilizou das torturas, ignorou os direitos humanos e quebrou totalmente as noções do direito constitucional, criando a sua própria e espúria "legalidade" por meio de "atos institucionais".

Tais ideias não nasceram do golpe; na verdade, contribuíram para a configuração da ideologia que o golpe aplicou. Desde o fim da 2ª Guerra Mundial, os militares brasileiros haviam perdido a noção de nacionalidade, substituindo-a pelas razões de segurança – uma subversão que, entre outras coisas, "entregou" o país aos Estados Unidos. Como lembra o economista Celso Furtado, em *Brasil, tempos modernos*: "Envolvidos pelas doutrinas racionalizadoras da Guerra Fria, os militares brasileiros entram numa fase de perplexidade que levará muitos à perda da noção de identidade".

Isso significa que, ao subordinar a nação aos princípios de "segurança", perde-se o caráter de nacionalidade. E justamente no momento que, bem ou mal, o governo João Goulart buscava a identidade nacional e o fim do processo espoliativo a que estávamos submetidos. Como raramente se toca nesse assunto, pode parecer estranha tanta ênfase. Mas, mesmo que as ideias geopolíticas sejam notoriamente absurdas, não se deve esquecer que elas orientaram a prática política do regime militar.

Ao conteúdo econômico do golpe uniram-se essas noções difusas, compondo uma ideologia com as mistificações geopolíticas e de segurança nacional. São formas e conteúdos que emergiram e determinaram o golpe, mas que não obteriam muito sucesso se, além das condições internas da sociedade brasileira, não contassem com o apoio declarado dos Estados Unidos.

A interferência norte-americana

A partir do envolvimento do seu embaixador Adolf Berle na conspiração que derrubou Getúlio Vargas, em 1945, os Estados Unidos interferiram frequentemente na política brasileira. Uma intromissão que reflete as suas políticas econômica e estratégica, configurando uma geopolítica para a América do Sul.

Uma boa síntese dessa posição dos Estados Unidos aparece em um boletim da Brookings Institution, agência de publicações econômicas, citado por Octávio Ianni em *O colapso do populismo no Brasil*:

> Com respeito à América Latina, os principais objetivos dos Estados Unidos estão baseados na necessidade de garantir a segurança de todos os pontos de onde se poderia lançar um ataque contra os Estados Unidos. E, também, na necessidade de manter um suprimento regular das matérias-primas cruciais para os Estados Unidos, na paz como na guerra. Subordinado a esses, coloca-se ainda como objetivo norte-americano recusar certos materiais estratégicos à União Soviética e aos países associados a ela.

Para viabilizar essa política, os Estados Unidos enviaram ao Brasil funcionários bem treinados: embaixadores, agentes da CIA, empresários, intelectuais e figuras que gozavam da amizade de importantes generais. Entre eles estava Vernon Walters, adido militar de 1962 a 1967.

Na 2ª Guerra Mundial, Walters foi oficial de ligação entre os exércitos norte-americano e brasileiro, na Itália, onde fez amizade com o marechal Castelo Branco. Em novembro de 1966, a revista *Newsweek*, em reportagem transcrita pela *Tribuna de Imprensa*, enfatizou a sua importância:

> Walters tornou-se confidente dos conspiradores militares contra Goulart e, finalmente, encorajou o general Humberto de Alencar Castelo Branco, que fora seu companheiro na Itália, a tomar o poder. Uma semana antes do golpe, Walters radiografou todos os detalhes da conspiração para Washington e, um dia depois da posse de Castelo Branco na Presidência da República, almoçou com ele a sós no palácio presidencial.

Segundo a revista, um documento escrito por Walters, *Por que o Brasil é diferente*, convenceu o governo norte-americano a ampliar a ajuda militar, que pulou de US$ 2,5 milhões em 1965 para US$ 12 milhões em 1966.

O embaixador golpista

Em seu livro *Missões silenciosas*, Walters narra alguns episódios da crise que antecedeu o golpe. Ele conta, por exemplo, que o embaixador Lincoln Gordon encarregou-o de "sondar" as Forças Armadas brasileiras para saber "se tenho possibilidades, por seu intermédio, de exercer qualquer influência nesse terreno".

Depois do golpe, Gordon confessou ao governador Carlos Lacerda que a queda de João Goulart era um alívio, pois evitava "que os Estados

Unidos tivessem de intervir militarmente no Brasil, para impedir que este país caísse na órbita soviética".

Em entrevista logo depois, Lacerda disse:

> Essa declaração, por haver sido feita por um homem sério, dá a medida da importância da ação militar de 31 de março, não somente na preservação do Brasil para a democracia como também na preservação do Brasil para os brasileiros. Evitou-se assim aos brasileiros a humilhação de uma intervenção militar americana. E se evitou aos norte-americanos uma espécie de Vietnã sul-americano.

Mais do que um conspirador, o embaixador Gordon foi um dos articuladores do golpe de 1964. Seu papel fica claro nos relatórios que mandou ao governo norte-americano, no período da crise que culminou com a queda de Jango. Teve frequentes encontros com políticos como Juscelino Kubitschek e Carlos Lacerda e telefonava a generais e governadores. No informe do dia 1º de abril, ele tranquilizou o Departamento de Estado quanto à necessidade de intervenção militar ou de simples envio de armas, afirmando que seria um erro político, "uma indicação clara" do apoio dos Estados Unidos ao golpe. "Mas o assunto", continua Gordon, "será analisado de hora em hora, à medida que a situação se desenvolva". Ainda na tarde do dia 1º, avisou que a embaixada norte-americana iniciava os preparativos "para possíveis necessidades de ajuda à segurança interna, estabilização financeira etc.".

A partir do dia 31 de março de 1964, Lincoln Gordon passou a ser informado diretamente pelo general Castelo Branco. Na noite do dia 2 de abril, telefonou ao Departamento de Estado, em Washington, para notificar que "acabamos de receber confirmação de Castelo Branco de que toda a resistência acabou em Porto Alegre".

Gordon participou ativamente do golpe, conforme atesta o seu telefonema ao governo norte-americano, às 15 horas do mesmo dia 2 de abril: "(...) aconselhei Dean em Brasília e ele está procurando vários líderes do Congresso, a fim de convencê-los da importância da opinião internacional de uma clara legitimação do Congresso". Além de conspirar, Gordon coordenou o apoio de deputados ao golpe.

A embaixada norte-americana, aliás, já sabia o preço de certos políticos. Nas eleições de 1962, "empresas e funcionários" dos Estados Unidos haviam liberado verbas para "candidatos amigos", sob a orientação de Gordon.

A "invasão" do nordeste

A interferência norte-americana foi do apoio aos políticos de direita ao planejamento de uma invasão militar do Brasil. Esses fatos ficaram comprovados na documentação liberada pelos Estados Unidos depois de um certo tempo, conforme determina sua legislação.

Uma informação do serviço secreto do Exército brasileiro ao presidente João Goulart foi confirmada, posteriormente, pelos documentos norte-americanos: a CIA programou, entre outras operações, a invasão do Brasil pela Guiana Inglesa, onde manteve de prontidão uma base com quinze aviões a jato. Essa base, onde ocorria contrabando de armas para o Brasil, tinha conexão com um campo de pouso para helicópteros no Piauí, nas proximidades de Teresina.

Segundo a avaliação da CIA, se houvesse revolução, ela começaria no Nordeste. Por isso, vários especialistas na luta antiguerrilha já se encontravam no local. Não faltam denúncias, no Brasil e nos Estados Unidos, de que alguns milhares de agentes norte-americanos agiam no Nordeste, disfarçados de religiosos, missionários, jornalistas, pesquisadores etc. Só em 1963, cerca de 4 mil cidadãos norte-americanos obtiveram vistos para se fixar na região e outros 3 mil foram recusados. Naquele ano, havia mais norte-americanos no Nordeste do que durante a 2ª Guerra Mundial, quando eles tinham várias bases no local. Depois do golpe, eles deixaram repentinamente o Nordeste.

É provável que o número de norte-americanos "plantados" na região tenha sido bem maior do que o conhecido pelo Itamarati. Sua presença era tão notória que alguns governadores e deputados estranharam o fenômeno. Um ano depois do golpe, os próprios norte-americanos desvendaram o "mistério". Uma informação do *US News & World Report*, citada pelos jornalistas Newton Carlos e Moniz Bandeira, esclareceu:

> Impulsionados pela agressão comunista ao Vietnã, os Estados Unidos desenvolvem, através do mundo, uma nova espécie de guerra, utilizando 25 mil combatentes bem treinados e créditos que somam bilhões de dólares. Esse exército secreto conduz contrarrevoluções em cinquenta países, com o objetivo de impedir que a subversão e o terror comunista assumam proporções iguais às do Vietnã.

Muitos desses combatentes estavam no Brasil: eram os boinas-verdes[11] esperando o "Vietnã nordestino" explodir.

O governo dos Estados Unidos agiu em todas as frentes contra o presidente João Goulart. No Brasil, o embaixador Lincoln Gordon cumpria um programa elaborado pelo governo Kennedy e coordenado pelo subsecretário de Estado para Assuntos Internacionais, Thomas C. Mann, que assumiu o cargo em janeiro de 1964. Congressistas norte-americanos ouviram pessoalmente de Thomas Mann que os Estados Unidos haviam patrocinado o golpe.

Se o governo norte-americano incentivou o golpe, estrangulando a economia brasileira com o corte de investimentos e financiando a

[11] Grupos de combate ou de sabotagem norte-americanos, de origem militar ou paramilitar, treinados pela CIA. Eles atuaram na Ásia e na América Latina, encoberta ou ostensivamente. Quando agiam em missões oficiais, usavam uniformes e boinas verdes, daí o seu nome popular.

oposição, as suas empresas privadas também contribuíram sensivelmente. Um bom exemplo é a Hanna Mining, centro das discussões sobre o processo de "encampamento" das multinacionais que prejudicavam o desenvolvimento de setores estratégicos da economia. Ela forneceu os caminhões que faltavam para o general Mourão Filho transportar suas tropas no dia 31 de março de 1964. Revistas norte-americanas, entre elas a *Fortune*, noticiaram o oferecimento de armas e de combustíveis aos golpistas – e ainda veremos as providências tomadas pela Marinha norte-americana para trazer esse suprimento ao Brasil. Um esforço, aliás, que a Aliança para o Progresso (entidade governamental de ajuda assistencialista) já fazia. Em 1963, foram confiscados caixotes da Aliança que, em lugar de leite em pó, acondicionavam metralhadoras, munição e aparelhos de radiocomunicação – tudo seria entregue à polícia do governador Carlos Lacerda. Essas armas, segundo os documentos liberados dos arquivos dos presidentes John Kennedy e Lyndon Johnson, foram enviadas a pedido de políticos brasileiros. Outras "encomendas" destinaram-se a São Paulo e aos estados do Nordeste.

Operação Brother Sam

Já sabemos que, em janeiro de 1964, o governo norte-americano destacou um general para conversar com o brigadeiro Eduardo Gomes e os generais Castelo Branco e Jair Dantas Ribeiro, ministro da Guerra de João Goulart. Na ocasião, discutiram-se as bases da ajuda ao golpe. Era a semente da Operação Brother Sam, que visava apoiar os golpistas com uma esquadra naval, caso houvesse guerra civil.

A Operação Brother Sam ficou conhecida em 1977, quando foram liberados alguns documentos da Biblioteca Lyndon Johnson (Texas). Seu objetivo básico pode ser resumido em poucas linhas. Tratava-se do deslocamento, para o Brasil, de uma força-tarefa liderada pelo porta-

-aviões Forrestal, incluindo-se quatro petroleiros e naves de guerra, uma delas munida com mísseis teleguiados. Para agilizar a operação, sete aviões C-135, com 110 toneladas de armas, e pequenos caças de combate comporiam a ligação entre as bases norte-americanas e as brasileiras, para as "necessidades urgentes".

O comandante em chefe da operação foi o general George Brown, que podia, se preciso, solicitar auxílio às bases militares no Panamá e aos agentes locais da CIA. A esquadra, além de dar o chamado "apoio logístico", tinha capacidade de desembarque.

A força-tarefa chegou ao litoral sul do Brasil, mas o rápido desmoronamento do "dispositivo militar" de João Goulart tornou desnecessária a intervenção. Quem se interessar pelos detalhes da Operação Brother Sam terá um relato completo do episódio, até com a transcrição de documentos do governo norte-americano, no livro *1964: visto e comentado pela Casa Branca*, do jornalista Marcos Sá Corrêa.

Da CIA ao FBI

A ingerência norte-americana não cessou com o sucesso do golpe. Ao contrário, aprofundou-se. Em *Missões silenciosas*, o adido militar Vernon Walters conta que conversou com Castelo Branco sobre sua sucessão e que o convenceu a enviar tropas para Santo Domingo, na República Dominicana.[12] Quando Costa e Silva foi escolhido para suceder Castelo Branco, a sua primeira "missão" consistiu em uma visita aos Estados Unidos, conduzido por Walters. E menos de uma semana depois do golpe assinou-se o famoso "Acordo Militar", que dava aos

[12] Em 1963, um golpe militar na República Dominicana depôs o presidente Juan Bosch, eleito democraticamente após uma ditadura de trinta anos. Em 1965, a junta governamental foi derrubada, originando uma guerra civil entre as esquerdas (pró-Bosch) e as forças de direita e militares. Os Estados Unidos intervieram no conflito e o Brasil, em adesão à política norte-americana, enviou reforços para ocupar o território dominicano.

chefes do Exército, Marinha e Aeronáutica nacionais a possibilidade de frequentar, no Brasil, cursos "semelhantes aos do National War College", ministrados por oficiais norte-americanos. Havia uma ressalva: "Todos os membros da Missão servirão com o posto que têm nas Forças Armadas dos Estados Unidos, usando o uniforme correspondente, porém terão proeminência sobre todos os oficiais brasileiros de igual hierarquia". Nossos militares, que deram o golpe – entre outros motivos – porque se irritaram com hipotéticos arranhões à sua hierarquia, submeteram-se docilmente à situação.

O atrevimento norte-americano, antes e depois do golpe, traduziu o direito de mando do patrão. A CIA, por exemplo, recorrendo ao Ponto IV (acordo bilateral para colaboração em assuntos educacionais), propôs-se a doar armas e equipamentos às polícias estaduais em troca dos seus arquivos políticos.

A arrogância chegou a tal ponto que, em maio de 1964, o embaixador dos Estados Unidos sugeriu aos militares o adiamento das eleições, pois "a verdade é que nenhum regime, no Brasil, sujeito a eleições, poderia permitir a assinatura de um tratado de garantia de investimentos, o que uma ditadura militar poderia chegar a fazer".

Os norte-americanos afirmam claramente que a ditadura militar compactuava com as negociatas. Convém notar que a "garantia de investimentos" foi realmente assinada pelo governo militar. O estranho fato chegou a ser debatido no Congresso dos Estados Unidos, em sessão secreta, com parte da discussão liberada e parte censurada. Até eles sentiram "pudor" em divulgar os detalhes de como se conseguiu a "garantia".

A participação norte-americana mostrou-se tão efetiva que, em 15 de abril de 1964, o chefe do Federal Bureau of Investigation (FBI), J. Edgard Hoover, enviou o seguinte memorando à sua equipe:

> O pessoal da CIA realizou muito bem sua parte e cumpriu uma grande tarefa; contudo os esforços dos nossos agentes [do FBI] foram particularmente valiosos. Estou especialmente satisfeito de que a nossa participação no assunto se tenha mantido em segredo e de que o governo não tenha necessidade de fazer nenhum desmentido público. Todos devemos sentir-nos orgulhosos da participação que teve o FBI, ao proteger a segurança da nação, mesmo longe de suas fronteiras.

Esse documento da Polícia Federal norte-americana foi publicado pela *Newsweek*, em 14 de novembro de 1966, e transcrito pelo historiador Nelson Werneck Sodré, em *O governo militar secreto*.

Como e por que os militares brasileiros se aliaram à CIA e às Forças Armadas dos Estados Unidos, aceitando as suas "sugestões" para conduzir a nossa política? A resposta é complexa e não deve ficar na explicação fácil do confronto entre patriotismo e impatriotismo.

6. A prática política da ditadura

Os militares no poder degradaram as regras políticas. Criaram um estado policial e a figura do "dedo-duro". Desrespeitaram normas elementares do processo democrático e institucionalizaram a ditadura. Entre dissidências e lutas internas, a linha-dura chegou ao poder e governou com decretos e atos institucionais que sufocaram a liberdade e agrediram os direitos humanos.

Desprezo pelo povo

Ao "perder a identidade", os militares subverteram o conceito de nacionalidade. Adotaram uma teoria de segurança nacional que ditou sua ideologia política. Essa ideologia, acima da nação, explica a conduta dos militares. Após a tomada do poder, eles desprezaram os políticos, menosprezaram as instituições (Congresso, Judiciário etc.) e instalaram a "sua" ditadura. Mas esta perdeu rapidamente a "pureza original", degenerando-se em um sistema repressivo.

A mais sutil descrição dessa ditadura foi feita por Roberto Campos, um dos principais economistas convocados pelos militares. Segundo ele, o golpe militar tomou duas medidas de reforma institucional:

> Primeiro: a abolição dos partidos tradicionais, excessivamente personalistas e facciosos, e sua substituição por um sistema bipartidário, o que presumivelmente facilitaria a manutenção da disciplina partidária em apoio a planos e programas governamentais; segundo, a ab-rogação do poder do Congresso de aumentar o dispêndio orçamentário, que tornaria impraticável qualquer planejamento financeiro consistente.

Traduzindo: acabam-se os partidos, para eliminar a oposição ao Executivo; limita-se o poder do Congresso, para que ele não atrapalhe o planejamento econômico dirigido. Isso redundou em algo menos eficiente e mais violento do que as experiências dos regimes fascistas tradicionais: a ditadura militar no Brasil (como na Argentina e no Chile) inaugurou uma nova modalidade de poder autoritário, mais "burra" e mais bruta que as já conhecidas. Para ser mais "burra", fez amplo uso da "sua" inteligência. O "burro-inteligente" impõe-se pela esperteza; a esperteza desafia a lógica, não teme a desrazão, e multiplica-se em brutalidade para exercer o poder pela força – das armas ou da sua "juridicidade" específica. Tal atitude requer uma ausência total de autocrítica e um desprezo imperial pelo povo. Esse desprezo entranhou-se no mecanismo do governo. Seus burocratas olhavam a nação de cima, sentindo-se super-homens sobre uma legião de pretos, baianos, paraíbas, banguelas etc.

O desembargador Otávio Gonzaga Júnior, secretário da Segurança de São Paulo em 1979, traduz bem como o grupo de poder revelado pelo golpe de 1964 via o povo: "O brasileiro é um despreparado em termos gerais, todos nós sabemos disso. Este é um país de miseráveis, favelados, ignorantes e analfabetos, e é evidente que todos estes elementos criam dificuldades". O desembargador fez essa declaração à *Folha de S.Paulo* para justificar a violência policial. Entre outras preciosidades, afirmou que "esse país é um monstro. Com gente ignorante, gente marginal, gente miserável, gente desobediente por todos os lados".

Essa posição ultrapassa o fascismo. Mussolini queria "conduzir" o povo porque o julgava vítima, incapaz de defender-se das elites. O fascismo italiano, como o português do ditador António de Oliveira Salazar, menosprezava a competência política do povo e o intimidava, mas não o desprezava. Esses dois fascismos clássicos precisavam do povo para ter uma massa de manobra. A ditadura militar brasileira simplesmente desprezava a nossa legião de banguelas e miseráveis e sustentava-se pela sua própria força: não dava satisfações aos "paisanos".

Se quisermos um exemplo mais próximo no tempo e no espaço, podemos lembrar a ditadura do general Alfredo Stroessner, no Paraguai. Uma ditadura brutal que, no entanto, "acarinhava" o povo: falava literalmente a sua língua (o guarani) e o oprimia afagando, para mantê-lo como aliado contra a pequena oposição que enfrentava.

Do inimigo interno ao dedo-duro

No Brasil dominado pela Doutrina de Segurança Nacional, o desprezo pelo povo ergueu uma barreira tão grande entre o Estado e a Nação que a ideia de "inimigo interno" aflorou "naturalmente".

A criação do inimigo interno só se tornou possível com a ascensão da geopolítica. Os geopolíticos, inspirados pelo general Golbery, subverteram a questão da segurança nacional. Antes deles, a agressão externa vinha obviamente do Exterior. Com eles, mudou-se a definição de fronteiras. O inimigo estava nas nossas "fronteiras ideológicas". Já não importavam os limites territoriais. O inimigo estava em toda parte, preferencialmente dentro do país, na falta de uma ameaça de fora.

Os que discordavam do regime eram inimigos. Como eles encontravam-se dentro do Brasil, eram inimigos internos. Ao criar essa figura, o regime subverteu o nosso tradicional conceito de defesa. A nova Constituição militar incorporou vários dispositivos para favorecer a repressão. O artigo 89, por exemplo, transformou todos os brasileiros em responsáveis pela segurança nacional. Assim, quem não acusasse a presença de um inimigo interno, em qualquer setor da atividade social, seria ele também um inimigo interno.

Institucionalizou-se a delação, até por uma mesquinha questão de sobrevivência pessoal. Então, o diretor da escola começou a denunciar o professor que abordava determinados temas proibidos, para não ser punido com ele. Estabeleceu-se um regime de terror, responsável pelo enriquecimento do nosso vocabulário: o povo entendeu que vivíamos um período de dedurismo; o verbo "dedo-durar" entrou para as conversas comuns e a figura do "dedo-duro" popularizou-se como o novo símbolo do canalha nacional.

Incorporado ao cotidiano, o dedo-duro passou de temido – e muitos fizeram carreira dedurando – à desmoralizada condição de personagem de piadas. O humor, porém, não desculpava sua ação e muito menos amenizava sua relação direta com a ideologia do regime militar. Sem uma ideologia específica não se banalizaria tanto a delação. O alcaguete do universo policial, rebaixado a dedo-duro, passou a integrar perigosamente a gíria política e invadiu o dia a dia brasileiro com o poder de desgraçar cidadãos.

Tudo o que é bom...

Sem o apoio do povo, o regime militar teve de suspender eleições, fechar o Congresso e desrespeitar o Judiciário. Estava acima do povo e das leis. Seu poder vinha das armas. Sustentava-se ideologicamente na Doutrina de Segurança Nacional e nos vagos princípios de uma geopolítica degenerada. Refletia também, por suas origens, a reação contra as reformas sociais e defendia uma situação política estacionária que agradava aos Estados Unidos.

Na falta de apoio interno, procurou a aprovação externa. Um dos mais deprimentes esforços para bajular os norte-americanos foi patrocinado pelo general Juraci Magalhães, em junho de 1964. Em declaração à imprensa de Washington, ele afirmou, entre orgulhoso e submisso: "Tudo o que é bom para os Estados Unidos é bom para o Brasil". A frase do general passou para o folclore nacional como um ato de servilismo. Mas além da folclórica vergonha a que expunha o Brasil, exprimia uma realidade que os governantes militares assumiam no relacionamento internacional.

Traduzindo a disposição de favorecer os Estados Unidos, uma sutil mudança introduzida na Constituição de 1967 praticamente entregou nossas riquezas minerais aos estrangeiros. Até 1964, as empresas internacionais enfrentavam restrições para a exploração do subsolo brasileiro. O artigo 161 da Constituição de 1967 considerou as riquezas minerais como "propriedade distinta da do solo", permitindo a sua extração por "sociedades organizadas no país". Com esse artifício, as multinacionais, desde que constituíssem subsidiárias ou filiais no Brasil (as populares "empresas testas de ferro"), poderiam explorar os nossos minérios. Com exceção do petróleo, que então não interessava a ninguém, abriu-se a temporada de caça ao manganês, à bauxita, ao cobre, ao ouro, ao urânio, ao alumínio etc.

Esse foi o resultado prático, econômico, de uma ideologia que se impôs pela força, desprezando os conceitos de nação e nacionalidade e substituindo-os pela paranoia da segurança nacional.

Até as elites se assustam

O regime também se valeu da brutalidade dos atos institucionais e das suas inúmeras emendas. Um exemplo clássico é a emenda de 11 de novembro de 1971, que autorizou o Executivo a promulgar decretos-leis secretos (que obviamente não eram divulgados). Chegamos à situação em que qualquer cidadão poderia transgredir – e ser preso por isso – uma "lei" desconhecida por toda a nação. Esses decretos-leis secretos não foram usados apenas no pior momento da ditadura: eles estrearam com o general Emílio Garrastazu Médici, em 1971, mas, a partir de 1979, o general João Figueiredo "decretou" secretamente mais do que o próprio Médici.

A inversão de valores promovida pelos militares ficou bem clara logo que eles tomaram o poder. O último parágrafo do Ato Institucional nº 1 não deixava dúvidas quanto ao futuro do novo governo e do seu caráter antidemocrático:

> Fica, assim, bem claro que a revolução não procura legitimar-se através do Congresso. Este é que recebe deste Ato Institucional, resultante do exercício do Poder Constituinte, inerente a todas as revoluções, a sua legitimação.

Na esteira dessa prepotência, surgiram os Tribunais Militares, para julgar os inimigos internos. Esses órgãos eram formados por quatro militares e um juiz togado. O despreparo dos militares chegava ao ponto de muitos se declararem constrangidos no desempenho da função. Os Conselhos de Justiça compunham-se de oficiais aquartelados, desde que não fossem comandantes de tropa. Essa gente decidia o destino dos "criminosos políticos", aplicando as leis arbitrariamente. Vários desses "juízes" confessavam não conhecer as leis, mas outros diziam – como testemunha o escritor Paulo Cavalcanti, uma das vítimas dessa "justiça" – que para julgar civis "basta o bom senso".

É evidente que se faz aqui um resumo dos fatos, mas ele ilustra bem a complexidade da situação. A vesga ideologia militar, somada à intromissão no processo institucional – criando uma justiça peculiar (e, às vezes, pressionando o mutilado Judiciário) –, gerou um contexto que desagradou às elites que apoiaram o golpe de 1964.

A concentração de poder nas mãos dos militares, que se encaminhavam para um Estado totalitário, começou a ameaçar as elites, porque pressupunha uma enorme capacidade repressiva. O poder centralizado restringia a mobilidade da sociedade civil, impedindo o seu acesso aos mecanismos políticos. A violenta censura imposta à imprensa desgostou as "classes culturais". O enlaçamento do Estado com as multinacionais prejudicou alguns setores da indústria nacional. A longo prazo, especialmente quando o "milagre econômico" mostrou-se falso (o que veremos mais adiante), a pressão da sociedade deu início à ruptura da aliança que possibilitou o golpe.

Em pouco tempo, ficou claro que o golpe de 1964 fez das Forças Armadas uma espécie de guarda-noturno do sistema. Um dos aliados importantes para a derrubada de João Goulart, o almirante Saldanha da Gama, chegou a afirmar que "a nova Constituição e a atual Lei de Segurança Nacional transformaram as Forças Armadas em simples beleguins".

A ascensão da Doutrina de Segurança Nacional foi fulminante no período militar. Mas foi rápida também a percepção, cada vez mais ampla, de que havia uma subversão de valores. Porém, enquanto a Doutrina de Segurança Nacional conseguia estabelecer-se, causando inúmeras violações dos direitos humanos e da evolução política brasileira, a compreensão dos seus erros produzia efeitos lentos e graduais. E só aos poucos a sociedade civil reuniu forças para resistir e impor a mudança do modelo. Enquanto isso, predominou uma prática política essencialmente militarizada.

O jogo político

Os militares não abriram mão do jogo político, mas criaram as suas próprias regras. Usaram cartas marcadas, alterando o resultado de votações no Congresso ou "compensando" as derrotas nas urnas. Esse jogo político adulterado, arremedando uma democracia para convalidar a ditadura, foi necessário para articular o poder do Estado com a sociedade civil.

Talvez a palavra mais ouvida nos discursos dos militares tenha sido *democracia*. Em nome da democracia fechou-se o Congresso, reabrindo-o "legitimado" pela cassação de parlamentares eleitos pelo povo. Suspenderam-se eleições diretas para os governos dos estados e para a Presidência da República. Os prefeitos das capitais passaram a ser indicados por governadores escolhidos indiretamente por um colegiado de deputados, do qual se excluíam os inimigos do regime. Para não ficar em minoria, após as eleições para o Senado, o governo militar nomeou senadores "biônicos". Foram várias medidas do gênero, além de uma longa série de violações dos direitos humanos, tudo em "defesa da democracia".

Para legitimar-se, a ditadura criou a sua própria jurisprudência a partir dos Atos Institucionais. Pode-se dizer que a ditadura começou com o AI-1 e coroou-se com o AI-5.

O Ato Institucional nº 1 (AI-1), de 9 de abril de 1964, aquele que dizia que a revolução legitimava-se a si própria, afastou qualquer possibilidade de o povo influir no destino político do Brasil. O Congresso, já expurgado da oposição, funcionaria como um apêndice burocrático, legalizando as decisões do Executivo, que detinha o poder de fato. O presidente da República podia referendar as suas proposições pelo "decurso de prazo": se em trinta ou quarenta dias o Congresso não votasse os projetos do Executivo (e os próprios deputados manobrados pelo governo encarregavam-se de obstruir as propostas polêmicas), eles seriam automaticamente aprovados. Assim, os militares esperavam apresentar os seus decretos como "democraticamente" avalizados pelo Congresso.

O AI-1 suspendeu por seis meses as garantias constitucionais, medida que permitiu a realização das famosas "investigações sumárias". Funcionários públicos foram convidados, praticamente sem direito de defesa, a deixar seus cargos, ignorando-se as prerrogativas de estabilidade ou vitaliciedade. O artigo 7 do AI-1 possibilitou o afastamento de cientistas e professores das faculdades, promovendo o início da conhecida "evasão de cérebros".

Para os que costumam caracterizar o general Castelo Branco como um presidente democrático, é bom lembrar que o AI-1 constituiu a base do seu poder. O decreto viabilizou a suspensão, por dez anos, dos direitos políticos daqueles que incomodavam os militares. Na primeira onda de cassações patrocinada pelo AI-1, 140 cidadãos perderam os seus direitos políticos. Muitos deles passaram pelo Inquérito Policial Militar (IPM), que, sobrepondo-se ao Judiciário, indiciou e condenou milhares de pessoas.

Depois de cassar mais de uma centena de deputados, o AI-1 garantiu a escolha do general Castelo Branco para presidente da República: dos 388 votos possíveis (326 deputados e 62 senadores), o general obteve 361, assumindo "legalmente" a Presidência em 15 de abril de 1964. Essas manobras deram ao novo presidente uma maioria "democrática" de 93%.

Ou sim ou sim senhor

O AI-1 foi o primeiro golpe repressivo oficial da ditadura. Entre os que perderam seus direitos políticos, estavam os presidentes Juscelino Kubitschek, Jânio Quadros e João Goulart. Completavam a lista seis governadores, dois senadores e 63 deputados federais. A lista continuou aumentando, com a inclusão de outros trezentos políticos, entre deputados estaduais, prefeitos e vereadores. As Forças Armadas não saíram ilesas: 77 oficiais do Exército, catorze da Marinha e 31 da Aeronáutica também perderam os direitos políticos. Mas a "caça" não parou por aí: demitiram-se 10 mil funcionários públicos e, posteriormente, o presidente Castelo Branco instaurou a Comissão Geral de Investigação (CGI), que atingiu mais de 40 mil pessoas.

O AI-1 e o seu uso pelo presidente Castelo Branco desmascararam as intenções "democráticas" dos militares. Porém, a institucionalização da ditadura veio mesmo com o Ato Institucional nº 2, provocado pela vitória dos candidatos da oposição aos governos de Minas Gerais e do Rio de Janeiro. Prevendo futuras derrotas eleitorais e temendo o surgimento de novos líderes, em outubro de 1965 editou-se o AI-2, que extinguiu todos os partidos políticos e deu poder ao Executivo para fechar o Congresso quando julgasse necessário.

É sintomático que os atos tenham surgido como um desafio à nação e um recado de mandonismo. O texto do AI-2 começa com a afirmação: "Não se disse que a Revolução foi, mas que é e continuará".

E, para continuar, cerceou-se a liberdade política. A partir do AI-2, só foram permitidos dois partidos políticos: a Aliança Renovadora Nacional (Arena) e o Movimento Democrático Brasileiro (MDB). Esses partidos fariam o papel de situação e oposição consentida. A sabedoria popular logo os apelidou de "partido do sim" e "partido do sim senhor".

A linha-dura no poder

Em fevereiro de 1966, o Ato Institucional nº 3, entre outras medidas, ampliou o controle político e restringiu ainda mais o direito ao voto popular, impondo eleições indiretas também para governador.

Enquanto se editavam todos esses atos, nos bastidores da ditadura travava-se a luta política para a sucessão de Castelo Branco. O confronto foi vencido pela chamada "linha-dura", que levou o marechal Costa e Silva à Presidência em março de 1967. A vitória de Costa e Silva custou a cassação de mais seis deputados federais e a agressão ao Congresso, que, ainda no período "democrático" de Castelo Branco, chegou a ser fechado uma vez e a ficar cercado por tropas do Exército.

A Presidência do marechal Costa e Silva, como era de esperar, "endureceu" a situação política. Em seu governo, decretou-se uma nova Constituição e promulgou-se a Lei de Segurança Nacional, que praticamente tornou todos os cidadãos suspeitos, ativa ou passivamente. Surgiu também a nova Lei de Imprensa, com restrições brutais à liberdade de informação: com a nova lei, quase todas as denúncias contra o presidente, fundamentadas ou não, eram ilegais.

No entanto, a violência repressiva desses atos não anulou a capacidade de resistência popular. Pelo contrário, despertou a luta clandestina, as greves, as manifestações de fábrica e as estudantis. Por isso, o governo militar editou o Ato Institucional nº 5.

O AI-5 nasceu para inibir as greves dos metalúrgicos de Contagem (MG) e Osasco (SP), conter as manifestações estudantis e anular a crescente militância dos trabalhadores. Estava pronto desde julho de 1968, aguardando um pretexto para ser assinado. O pretexto foi o discurso do deputado Márcio Moreira Alves, na Câmara, criticando os militares e propondo o boicote dos civis às comemorações do Dia da Independência. O governo pressionou o Congresso para punir o deputado. As guarnições sentiram-se "insultadas". Algumas unidades ameaçaram "sair às ruas". Mas o Congresso recusou-se a punir o deputado, que na verdade fizera um pronunciamento normal. O presidente Costa e Silva, assumindo a "indignação" da "tropa ofendida", assinou o AI-5, em 13 de dezembro de 1968.

O AI-5 fechou o Congresso indeterminadamente e, ao contrário dos outros atos, não tinha "prazo de validade": a ditadura assumia-se eterna. No rastro repressivo, mais 69 deputados foram cassados – nem mesmo o ex-governador Carlos Lacerda escapou, que já conspirava contra o regime. O AI-5 dava tantos poderes ao presidente, aumentando a repressão e a censura à imprensa, que qualquer oposição real tornou-se impossível. A partir daí, só houve um caminho: a luta clandestina. Os políticos limitaram-se a "confabular", esperando a abertura do regime.

Quando parecia que o Brasil teria de conformar-se com esse sistema extremamente repressivo por um longo período... as coisas pioraram. Em agosto de 1969, o presidente Costa e Silva foi vítima de uma trombose, segundo a versão oficial. A doença ficou envolvida em mistério. Havia uma grande dúvida se o marechal Costa e Silva morreu de "causa natural" ou de causa mais obscura. A repressão e a censura, com o costumeiro mutismo dos militares, que não se sentiam na obrigação de dar satisfações a ninguém, provocaram o aparecimento de muitos boatos.

O fato é que à doença de Costa e Silva seguiu-se um golpe: o vice-presidente Pedro Aleixo, um civil com fama de "liberal", não pôde assumir a Presidência. Os três ministros militares[13] tomaram o governo, formando uma Junta Militar que apertou ainda mais o aparelho repressivo. Criaram-se as penas de morte e de banimento, em resposta aos sequestros políticos que a guerrilha urbana vinha fazendo. A Constituição ganhou mais um "remendo": a emenda nº 1, que deu ao presidente poderes para a aplicação da Lei de Segurança Nacional.

E, "democraticamente", reabriu-se o Congresso, para que ele aprovasse o novo ditador: o presidente Emílio Garrastazu Médici. Médici

[13] Eram eles: marechal Márcio de Souza e Mello (Aeronáutica), general Aurélio de Lyra Tavares (Guerra) e almirante Augusto H. Rademacker Grünewald (Marinha).

inaugurou o período mais duro da repressão contra a crescente oposição clandestina. Será o presidente mais bem-sucedido, o patrocinador do "milagre econômico". Em pouco tempo, porém, os resultados artificiais da sua política de "Segurança e Desenvolvimento" iriam aparecer, demonstrando que a propaganda e a censura encobriam a deterioração das bases econômicas, enquanto o povo e, principalmente, a classe média alta festejavam a conquista da Copa do Mundo e um consumismo desvairado.

A militarização do Estado

O jogo político – a relação entre os militares e os deputados, senadores e governadores – caracterizou-se cada vez mais pela militarização do Estado. A ditadura verticalizou o poder, transpondo para as relações políticas algo parecido com a hierarquia dos quartéis. Beneficiando esse quadro, havia as leis repressivas e os conceitos geopolíticos – como o da segurança nacional –, nessa altura já enraizados no aparelho burocrático. Consequentemente, passou-se a cultivar um certo rigor administrativo contra tudo o que parecesse "subversivo".

Assim, antes de qualquer decisão, tornou-se natural no Estado brasileiro, em todos os escalões da burocracia, verificar se ela poderia ser rotulada de subversiva ou, no mínimo, se estaria contra o pensamento militar. Não é preciso dizer que a repressão ficou mais "facilitada".

Em determinado momento, não se discutia mais *por que* tomar algumas medidas repressivas, e sim *como*. Com o tempo e a adesão da máquina administrativa, a aplicação de medidas orientadas pelo pensamento militar nem cogitava o *porquê* ou o *como* (os métodos já estavam definidos) e ansiava pelo *quando*.

Essa situação – por exemplo, nos ministérios da Educação, da Saúde etc. – provocou mais atos de policiamento político que propriamente medidas administrativas adequadas socialmente à realidade brasileira. Criou uma mentalidade *intervencionista*. Tal comportamento assimilado pelos burocratas inspirava-se na brutal intromissão dos militares em todas as áreas, desprezando os direitos e as leis. O Ministério do Trabalho, por exemplo, fez uma "depuração" nos sindicatos, intervindo em 563 deles até 1970. Passou a ser "normal" que mesmo o baixo escalão da burocracia se sentisse com o direito de intervir *contra* trabalhadores, alunos, professores, funcionários etc. que se opunham ao projeto de governo. Não será ousadia identificar nesse processo uma certa pusilanimidade: para obter segurança em um Estado francamente repressor, reprime-se primeiro.

Trata-se de um detalhe menor, mas que auxiliou o jogo político. Para mover a máquina burocrática, os militares precisaram conquistá-la. Essa conquista ocorreu facilmente: a administração pública, que nunca primou pelo respeito ao povo, entregou-se ao Estado, que agora desprezava francamente o povo. Manobrando do bedel ao diretor da repartição, o Estado pôde dar um ritmo harmônico à sua dominação. Estabeleceu-se uma hierarquia que municiou o controle ideológico, até mesmo por meio do processo administrativo.

Estado e burocracia estavam coesos. Isso significa que o governo militar assimilou a máquina burocrática em todos os seus escalões. Daí por que "ninguém escapou" da repressão ideológica e por que os escândalos de corrupção do governo militar permaneceram tão eficientemente camuflados durante anos.

As dissidências militares

O jogo político, embora com cartas marcadas, provocou algumas dissidências. A primeira foi a do general Mourão Filho, que esperava tornar-se comandante do I Exército ou presidente da Petrobras. Não conseguiu. Instável psicologicamente, decepcionado, ele partiu para o ataque, ainda no governo de Castelo Branco.

Tentou ser candidato às eleições indiretas à Presidência da República, pelo recém-criado MDB. Fracassado esse projeto, depois do AI-2 passou a hostilizar a Lei de Segurança Nacional. Como era juiz do Supremo Tribunal Militar, tinha força para as críticas. Um fato curioso: apesar de ter dado a "largada" para o golpe, o general sempre atacou a ESG e chegou a recusar convites para integrá-la. Uma das suas acusações era que a ESG havia "tomado" a revolução e implantado a Doutrina de Segurança Nacional.

Mal superada a crise do general Mourão Filho, o general Kruel, que aspirava à Presidência, iniciou uma campanha de desestabilização, visando substituir o presidente Castelo Branco. Movimentou-se por alguns estados brasileiros, em 1965, concedendo entrevistas desafiadoras, mas acabou punido "por deixar o comando sem autorização".

Outro que enfrentou o governo Castelo Branco foi o general Justino Alves Bastos, que tinha pretensões ao governo do Rio Grande do Sul. Considerado linha-dura e homem-chave para o golpe no Nordeste, começou a condenar as eleições indiretas ao perceber que não conseguiria eleger-se governador. Também acabou neutralizado, perdendo, em 1966, o comando do III Exército no Rio Grande do Sul.

Essas e outras ameaças à estabilidade do primeiro governo militar causaram mais irritação do que perigo. O general Peri Bevilacqua chegou a dizer que o golpe havia transformado a nação "em um vasto quartel" e que a Lei de Segurança Nacional "equivale a um permanente estado de sítio e constitui uma ameaça que o povo não merece".

Castelo Branco ainda enfrentou dificuldades com o general Muricy, quando este se viu impedido de ser governador. O general Pope de Figueiredo, embora não fosse propriamente um aliado dos militares golpistas, causou consternação ao deixar o Exército declarando não acreditar que o regime pudesse democratizar o Brasil. Ele fez isso após perder o comando do III Exército e ser omitido na promoção.

Ocorreram também "baixas" entre os aliados civis. Representaram menos perigo, porém causaram mais estardalhaço. Acusado de corrupção, o governador de São Paulo, Ademar de Barros, foi cassado em 1966. Na verdade, recebeu uma punição por disputar a sucessão de Castelo Branco. Carlos Lacerda, afastado do círculo de poder, começou a conspirar e, em 1968, também foi cassado, depois de ter coordenado uma frente ampla de oposição.

Mas a principal articulação para derrubar Castelo Branco partiu do governador de Minas Gerais, Magalhães Pinto. Em novembro de 1965, Magalhães Pinto reuniu-se no Rio de Janeiro com o almirante Sílvio Heck, planejando um golpe que visava depor Castelo Branco no dia 1º ou 2 de dezembro daquele ano. Apesar da seriedade da conspiração, que envolveu vários generais e coronéis, Castelo Branco não ousou cassar o governador. Aparentemente, houve uma conciliação e, em 1967, Magalhães Pinto ganhou o Ministério das Relações Exteriores como prêmio de consolação, ficando no cargo até 1969.

Esses fatos demonstram que os militares conquistaram o poder e anularam com relativa facilidade as oposições políticas. Mas entre seus próprios aliados surgiram dissidências lutando pelo poder. E o jogo político não se esgotou nisso. Depois de sedimentar sua força dentro do Estado, os militares tiveram de conviver com os resultados das eleições, mesmo desfiguradas pela repressão.

A oposição vence, o governo ganha

Com o fim dos partidos, grande parte dos políticos de oposição que escaparam das cassações incorporou-se ao MDB. Aos poucos, o novo partido foi separando os oportunistas e "infiltrados" dos autênticos. À medida que o povo identificou no MDB um canal contra a ditadura, passou a votar nos seus candidatos. De 1966 a 1974, por exemplo, ele cresceu a ponto de equilibrar o jogo político. Em 1966, a Arena obteve 56,6% dos votos para o Senado e o MDB, 43,4%. Em 1970, ano do "milagre" e da censura a todo vapor, a Arena conseguiu uma grande maioria: 61,4% contra 38,6%. Mas, em 1974, reverteu-se o quadro: o MDB alcançou 59,3% dos votos e a Arena ficou com 41%. Nas legislaturas de 1966 e 1970, a Câmara Federal teve ampla maioria da Arena: 63,9% contra 36% e 69,4% contra 30,4%, respectivamente. Porém, em 1974, o MDB restabeleceu o equilíbrio, conquistando 48% dos votos contra a precária maioria de 51,9% da Arena.

O MDB avançou, apesar das alterações na legislação eleitoral, que visavam favorecer a Arena. As eleições de 1974 demonstraram que o povo repudiava a ditadura. Para frear o crescimento da oposição, o governo decretou a Lei Falcão, em novembro de 1976. Essa lei praticamente acabou com a campanha eleitoral: os candidatos ficaram proibidos de transmitir mensagens – só podiam apresentar a sua foto e o seu nome na televisão.

Vetando o discurso oposicionista, o governo esperava travar o avanço de votos do MDB. Um estudo do SNI alertou o governo de que o MDB venceria as eleições municipais de 1976, caso não houvesse uma "regulamentação" no processo eleitoral. A Arena disputou as urnas com todas as vantagens: apoiada pela máquina administrativa, favorecida pela falta de críticas e, não menos importante, usando a pressão da ditadura para assustar a população, caracterizando como subversivo e ilegal tudo o que fosse contra o governo.

Ainda assim, a vitória governamental foi mínima: a Arena ficou com 35% dos votos válidos e o MDB, com 30%. Com uma agravante: a oposição conquistou as prefeituras das maiores cidades, ganhando em dez das quinze cidades com mais de 500 mil habitantes. Entre as cem maiores cidades do Brasil, venceu em 59. Já a Arena transformou-se praticamente em um "partido nordestino", vencendo no interior e principalmente no Nordeste, onde os coronéis manipulavam o eleitor e até defuntos votavam.

É fácil observar que, apesar da censura e da repressão que apelou às cassações de políticos incômodos, o governo teve de aceitar um "jogo político" para se relacionar com a sociedade civil. Esse jogo, mesmo com regras francamente favoráveis ao poder, permitiu o crescimento da tímida oposição, que ganhou a confiança do povo nas urnas. Cada eleição tornou-se um verdadeiro plebiscito: votava-se a favor ou contra o governo.

Como se sabe, os governadores e o presidente da República eram definidos pelo voto indireto das Assembleias estaduais e do Congresso. Ainda que o presidente da República saísse de fato de um acordo entre os militares, o general escolhido pelo consenso dos oficiais precisava ser "legalizado" pelo voto dos congressistas. O crescimento do MDB, um partido cada vez mais oposicionista e difícil de dobrar à medida que obtinha o respaldo eleitoral, amedrontou os militares. Se continuasse a crescer, como tudo indicava, o MDB poderia "fazer" um presidente da República ou negar-se a legitimar o general indicado.

Com o "jogo" nesse andamento, estava em curso a política de abertura "lenta e gradual" do novo presidente, o general Ernesto Geisel (1974-1979). A abertura implicava mais riscos de o governo perder o controle político. Com o intuito de reverter novamente o quadro, o general Geisel não tentou mudar as regras eleitorais, mas sim limitar o Judiciário. Ele pretendia criar um Conselho da Magistratura – na verdade, uma "polícia" que controlaria os juízes, "disciplinando-os". Outro projeto igualmente importante envolvia os policiais militares. Estes não seriam mais julgados por tribunais civis, e sim por um tribunal militar, criado especialmente para eles e composto de seus próprios oficiais.

A sociedade civil reagiu com vigor. Mesmo pressionados, os senadores e deputados do MDB rejeitaram os projetos do governo. O presidente Geisel respondeu com toda a força, ignorando a sua própria "abertura": fechou o Congresso. Transformou a sua vontade em lei, com as emendas constitucionais nº 7 e nº 8. Era o famoso "Pacote de Abril", de 1977, cujas consequências seriam vitais para o resultado das eleições em 1978.

O golpe de mestre

Com as eleições indiretas e o artifício dos senadores "biônicos", a Arena passou a controlar o Senado com 22% dos senadores indicados. Houve a inversão do resultado eleitoral: o MDB obteve mais votos e a Arena venceu. Na eleição para o Senado, o MDB teve 56,9% dos votos válidos, mas ficou com nove senadores, enquanto a Arena conseguiu "eleger" 36.

Mas essas regras do jogo eleitoral não deram segurança política à ditadura. O processo repressivo não podia sobreviver sem articular-se com a sociedade civil. Ao mutilar as leis e forjar uma Constituição à sua imagem, a ditadura provoca uma repulsa política que abre possibilidades à organização da sociedade. E isso, aos poucos, vai minando o autoritarismo militar.

A proibição dos partidos políticos, em 1965, e a criação de dois blocos artificiais visavam ao controle da "classe política". Porém, quando as eleições se tornaram plebiscitárias, o voto "contra o governo" (o único caminho legal para opor-se aos militares) fortaleceu o MDB. As eleições de 1978 demonstraram que era preciso, também, acabar com o MDB.

Assim, em 1979 extinguiram-se os dois partidos e a Nova Lei Orgânica dos Partidos restabeleceu o pluripartidarismo. O golpe de mestre – como o general Golbery o apresentou na ESG – deveria acabar com a oposição organizada.

A tática era simples: os integrantes da Arena, declaradamente governistas, formariam um novo partido, coeso e obediente como o antigo. Já o MDB, que reunia diversas tendências, pulverizar-se-ia em vários partidos, dividindo e enfraquecendo as oposições.

A nova lei mantinha o controle político: a formação de agremiações de "esquerda" ou "de classe" estava proibida. Os partidos a serem criados não poderiam fazer "arregimentação de filiados ou adeptos, com base em credos religiosos ou sentimentos de raça ou classe". Essa disposição visava evitar a constituição do Partido dos Trabalhadores (PT), que se organizava em São Paulo: temia-se o surgimento de um partido que aglutinasse os trabalhadores. Só em 1982, o PT obteve o seu registro definitivo no Tribunal Superior Eleitoral. Surgiram dois grandes partidos: o Partido Democrático Social (PDS), que substituía a Arena, e o Partido do Movimento Democrático Brasileiro (PMDB), que ficou com a maioria dos integrantes do MDB. Apareceram outros menores, que flutuavam entre o governo e a oposição.

O resultado das eleições (e também do pluripartidarismo) não foi bom para o governo, já condenado abertamente pelo povo. Significativa foi a vitória, em 1982, de Leonel Brizola, do Partido Democrático Trabalhista (PDT), no Rio de Janeiro. Uma vitória, de certa forma, emblemática: Brizola, que tinha sido o inimigo número 1 dos militares, venceu, apesar de todos os artifícios governamentais, até mesmo fraude. A apuração transcorreu com a escamoteação de cerca de 15% dos votos dados a Brizola, que foram transformados em "brancos" e "nulos". Nova contagem revelou o "equívoco" e incriminou uma empresa de computação, que contou com a cumplicidade (não provada, porém evidente) da Rede Globo na divulgação de resultados falsos. Desfeita a fraude, os militares da linha dura ainda tentaram anular a eleição, pedindo a volta do "verdadeiro espírito da revolução".

Em 1981, no governo do general João Figueiredo, um grupo de militares planejou explodir bombas durante um *show* musical no Riocentro, pavilhão destinado a eventos culturais e artísticos, no Rio de Janeiro. A ideia era atribuir o atentado à "esquerda", criando um pretexto para inibir a abertura política. A farsa fracassou por acidente: uma das bombas estourou dentro de um carro, antes de ser colocada no recinto do espetáculo, matando o militar que o conduzia.

Do jogo político ao jogo bruto

Esses acontecimentos, aqui tratados resumidamente, indicam que o jogo político foi necessário para a articulação do Estado com a sociedade civil. Revelam também que, mesmo fraudando e impondo medidas absurdas, os militares não conseguiram reverter o quadro de crescente repulsa ao regime.

Ultrapassaria os objetivos deste livro abordar todo o complexo jogo político do período. Podemos, porém, citar alguns fatos, aparentemente não políticos, que só se tornaram viáveis por causa desse jogo. Entre eles, destaca-se a criação do Grupo Permanente de Mobilização Industrial (GPMI), que, associando militares e empresários, possibilitou o surgimento da indústria bélica no Brasil. O GPMI "harmonizava" as relações entre as Forças Armadas e as empresas, condicionando uma indústria voltada para a "segurança". Criado o inimigo interno, o GPMI estabeleceu os meios industriais para produzir armas que o combatessem. Os investimentos evoluíram a ponto de transformar o Brasil no quinto maior exportador mundial de armas na década de 1970.

Nem é preciso ressaltar o despropósito da situação: empreender um esforço econômico de tal vulto para elevar a potência industrial bélica em um país devastado pela fome e pela desnutrição.

Nesse "jogo bruto", várias distorções são possíveis. Talvez uma das maiores, dentro da megalomania militar, seja a política nuclear brasileira. O que se gastou na construção de usinas nucleares – que não passam de sucata – daria para erguer 2,5 milhões de casas ou sustentar 375 hospitais-modelo, como o Hospital das Clínicas, de São Paulo. Ou ampliar e manter a Universidade de São Paulo por 230 anos. Ou pagar a nossa dívida externa em 1980, que na época atingia US$ 50 bilhões.

O descalabro foi tão grande que até os "aliados" se puseram a criticar os frutos econômicos desse jogo político. Em agosto de 1980, a *Time*, principal revista dos Estados Unidos, analisou o modelo brasileiro:

> Com seu gigantesco território e vastos recursos naturais, este deveria ser um dos países mais prósperos do mundo. Entretanto, uma série de políticas errôneas empurraram o colosso do sul a um pântano de problemas econômicos. A inflação brasileira está chegando a 106,8% e o cruzeiro, em doze meses, desvalorizou o dobro, frente ao dólar; e o índice de desemprego continua subindo (...) Tudo isso levou o Brasil a merecer a distinção de ser o país em desenvolvimento que mais se afundou no déficit, ao lado de nações indigentes como o Zaire, Peru e Bangladesh, assumindo, até o momento, o débito assombroso de 50 bilhões de dólares.

Enquanto essa situação era denunciada internacionalmente, o governo investia mais em segurança do que no atendimento social. Os ministérios criavam, com verbas secretas, assessorias de segurança. Chegou-se ao extremo de o Ministério da Educação gastar 2,64 vezes mais com a sua Assessoria de Segurança Nacional do que com a publicação de livros didáticos.

O governo Geisel apresentou o enterro do AI-5 como o começo da nova democracia. Na verdade, pouco se alterou: as mudanças no comportamento repressivo do governo não passaram de um recuo diante do avanço das lutas populares e dos resultados eleitorais. Com o fim do AI-5, criaram-se as "salvaguardas", e a Lei de Segurança Nacional praticamente ficou incorporada à Constituição.

O jogo político imposto pelo governo militar promoveu a subversão dos princípios civilizados de fazer política. Ele deu força à ditadura, mas ajudou a sua própria destruição, à medida que se revelou prepotente e agressivo. Essa prática política minou o governo militar e, aos poucos, fortaleceu as correntes que lutavam para transformar a política em um verdadeiro jogo dos contrários, no qual se diverge, mas se respeita civilizadamente o próximo.

7. A política econômica do regime militar

O GOVERNO MILITAR ACHATOU OS SALÁRIOS, AUMENTOU A CONCENTRAÇÃO DE RENDA E AMPLIOU A DÍVIDA EXTERNA. OS INVESTIMENTOS ESTRANGEIROS FORAM FAVORECIDOS E A AMAZÔNIA COMEÇOU A SER OCUPADA. NA DÉCADA DE 1970, ACONTECEU UM FALSO "MILAGRE ECONÔMICO", QUE TERMINOU RAPIDAMENTE E FEZ AUMENTAR AS DIFICULDADES DO PAÍS. OS TRABALHADORES COMEÇARAM A PERDER DIREITOS ADQUIRIDOS.

Do achatamento salarial à concentração de renda

Os militares e os seus sócios não se limitaram a subverter o processo político: também intervieram vigorosamente na economia brasileira, trocando o modelo capitalista dependente pela pura e simples subserviência. Favoreceu-se uma progressiva concentração de renda e o achatamento salarial, que serviu de base para a desnacionalização da economia.

Os baixos salários, as isenções e os incentivos fiscais, a legislação benevolente e os financiamentos privilegiados atraíram as multinacionais. As modificações jurídicas, permitindo às empresas estrangeiras comprar enormes áreas de terra, especialmente na Amazônia, atraíram capitais que se reproduziam rapidamente e tinham facilidades na "remessa de lucros".

Houve o incremento da produção industrial de supérfluos. Mas os operários tiveram os seus salários achatados – a maior baixa real na história do Brasil. Graças à concentração de renda, uma pequena parcela da classe média – que logo se destacou como "classe média *alta*" – teve acesso a altos salários e ao consumismo identificado no fugaz "milagre brasileiro".

Esse modelo exigiu controle maior da população pobre e aumento da repressão aos grupos politizados. O Judiciário e o Legislativo submeteram-se ao Executivo. Cristalizou-se a ditadura, o Estado tornou-se cada vez mais forte, militarizado e acima da Nação.

Os pobres ficaram mais pobres e os ricos, mais ricos. Em 1960, os 20% mais pobres detinham 3,9% da renda nacional; em 1970, a renda coletiva caiu para 3,4%; e, em 1980, para 2,8%. Os 50% de pobres ficaram com 17,4% da renda, em 1960; 14,9%, em 1970; e 12,6%, em 1980. Enquanto isso, os 10% mais ricos passaram de 39,5%, em 1960, para 46,7%, em 1970, e 50,9%, em 1980. A renda dos 5% ainda mais ricos subiu de 28,3%, em 1960, para 34,1%, em 1970, e 37,9%, em 1980. E os 1% muito ricos progrediram de 11,9%, em 1960, para 14,7%, em 1970, e 16,9% em 1980.

Essa concentração de renda fez-se à custa do achatamento salarial das chamadas "classes baixas". Pagando-se cada vez menos aos trabalhadores e oferecendo salários mais altos a uma pequena elite consumidora, ampliou-se o mercado de supérfluos para a "classe média alta". Isso, combinado com a especulação financeira, sustentou durante certo tempo o "milagre brasileiro".

Nos tempos do "milagre", a grande maioria da população ganhava muito pouco. As estatísticas do Instituto Brasileiro de Geografia e

Estatística (IBGE) comprovam: 12,5% dos trabalhadores ganhavam até meio salário mínimo; 20,8% recebiam até um salário mínimo; 31,1%, até dois salários mínimos; 23,6%, entre dois e cinco salários mínimos; 7,2%, entre cinco e dez salários mínimos; 3,2%, entre dez e vinte salários mínimos; e 1,6% deles recebia mais que vinte salários mínimos.

Isso quer dizer: no tempo do "milagre", 64,4% dos trabalhadores ganhavam no máximo dois salários mínimos. A seguir, havia uma faixa intermediária de 23,6% recebendo até cinco salários mínimos e uma "verdadeira" classe média de 7,2%, que ganhava até dez salários mínimos. Já o grande consumo era feito por 4,8% dos assalariados, que recebiam de dez a vinte salários mínimos, ou mais.

Vamos visualizar a situação no quadro abaixo:

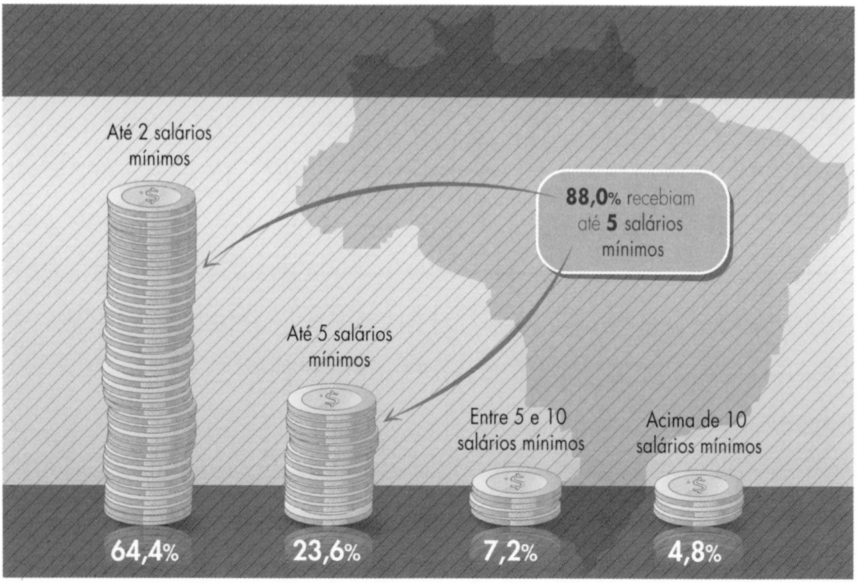

Que o milagre foi falso, todo o Brasil soube e sabe. O que vale a pena ressaltar é que, naquele período, o aumento da produção industrial também não refletiu um aumento real da economia. Ele favoreceu apenas 7,2% dos assalariados ou, em uma avaliação muito otimista,

30,8% (se somarmos os 23,6% que recebiam até cinco salários mínimos aos 7,2% correspondentes à "verdadeira" classe média). Outro ponto a salientar é como se obteve essa produção: com a abertura da economia às multinacionais, com o sucateamento da indústria nacional e com o maior endividamento externo que o Brasil já teve.

Da concentração de renda à dívida externa

A concentração de renda mostrou-se tão perversa socialmente que os próprios economistas do governo militar tiveram de denunciá-la. O professor Mário Henrique Simonsen, por exemplo, ministro da Fazenda no governo do general Geisel, afirmou que em 1970 houve uma concentração muito maior do que nos dez anos anteriores.

Se o modelo dependente da economia brasileira já era responsável por uma concentração de renda histórica, esse fenômeno potencializou-se ao passarmos da dependência à subserviência. A junção dos interesses internos com os externos provocou o empobrecimento dos pobres e o enriquecimento dos ricos. O "milagre" só foi possível porque o empobrecimento do povo não significou necessariamente uma estagnação econômica na soma da renda nacional: esta apenas foi desproporcionalmente distribuída. Apesar de óbvio, isso precisa ser dito (no nosso caso, de modo mais didático do que técnico), para que os mais "leigos" entendam o processo que culminou jogando a economia brasileira em uma crise que se agravou e deixou sequelas.

Por que os militares permitiram esse modelo? Eram "burros"? Impatriotas? Venais? Foram subornados pelo capital estrangeiro? Sem descartar a possibilidade do "sim" para algumas dessas indagações, cabe investigar razões mais profundas. Um artigo dos professores Fernando Henrique Cardoso e Enzo Falleto, citado por Maria Helena Moreira Alves em *Estado e oposição no Brasil*, explica que essa situação torna-se possível quando:

> (...) o sistema de dominação ressurge como uma força "interna", através de práticas sociais de grupos e classes locais que tentam fazer prevalecer interesses estrangeiros, *não especificamente porque sejam estrangeiros, mas porque podem ir ao encontro de valores e interesses que julgam tais grupos ser os seus próprios.* (O grifo é nosso.)

De fato, o modelo dos militares derivava das suas concepções de segurança nacional. Ele foi aplicado pela aliança com as forças externas e internas – a mesma aliança responsável pela queda de um governo que, bem ou mal, pretendia libertar a economia brasileira. E a maioria das suas medidas correspondia à subserviência externa como garantia de segurança interna, segundo a visão míope da ditadura.

Para obter sustentação, os governos militares privilegiaram os investimentos externos e comprometeram o futuro imediato da nação. Daí o desrespeito às leis e a promulgação de uma Constituição à imagem do poder – lembramos que a Constituição de 1967, no seu artigo 161, "entregava" o subsolo à exploração das empresas estrangeiras interessadas nos minérios estratégicos.

Outra consequência importante dessa subserviência foi o aumento da dívida externa. Em quinze anos, os governos militares elevaram a dívida externa brasileira em quinze vezes: de US$ 3 bilhões ela passou para US$ 45 bilhões, um recorde mundial. Por quê? Porque, uma vez desencadeado o processo, não havia como voltar atrás sem desfazer alianças externas que sustentavam o modelo interno.

O governo Geisel, geralmente considerado "austero", elevou a dívida externa de US$ 9,8 bilhões, em 1974, para US$ 35,1 bilhões, em 1978. Fez isso para não quebrar o ritmo do desenvolvimento, uma vez que reduzindo os empréstimos internos "desaqueceria" a produção que dava lucros especialmente às multinacionais. E não estamos esquecendo os chamados "acidentes de percurso", como as sucessivas altas do petróleo. Se os problemas da economia internacional afetaram diretamente a economia brasileira, eles não servem como desculpa para o fracasso do modelo: sua subserviência e conformação favoráveis ao capital estrangeiro já previam o fracasso de qualquer "milagre".

A festa multinacional

Enquanto a crise econômica brasileira se agravava a partir de 1960, a capacidade de produção da indústria aumentava. Ou seja: em plena crise, a economia trilhou o caminho da industrialização. Em 1957, a participação da indústria nacional na oferta de bens de produção foi de 58%, subindo para 77%, em 1960, e chegando a 86%, em 1983. Os bens de consumo participaram com 92%, em 1956, 96%, em 1960, e chegaram a 98%, em 1964. Nosso problema não estava na capacidade de produção da indústria, que já em 1960 atendia à quase totalidade das exigências do país, segundo as estatísticas do Ministério do Planejamento.

O fato é que o governo militar preferiu associar-se ao capital estrangeiro, favorecendo políticas que estrangularam a indústria nacional. Indústrias obsoletas no Exterior, ou que já haviam exaurido o mercado dos seus países, foram transferidas para o Brasil, em prejuízo das nacionais. A cartelização industrial passou a ser uma regra.

Além de impedir o desenvolvimento da indústria brasileira, esse processo provocou a evasão de dólares. De 1966 a 1976, por exemplo, a fabricante de cigarros Souza Cruz investiu US$ 2,5 milhões no Brasil e remeteu ao Exterior, sob a forma de lucros, US$ 82,3 milhões. A Firestone mandou à matriz US$ 50,2 milhões, com um investimento de US$ 4,1 milhões, conforme dados de uma CPI da Câmara dos Deputados, em 1976.

Em resumo, a política econômica do governo militar privilegiou as multinacionais: baixos salários, liberdade para a remessa de lucros e incentivos fiscais, além de permissão para a compra de terras com o dinheiro que não conseguiam enviar a suas matrizes.

O loteamento da Amazônia

As multinacionais apossaram-se de territórios ricos em minérios. Uma CPI da Câmara Federal apurou que em 1968 elas possuíam mais de 50 milhões de hectares em Goiás, Minas Gerais, Bahia, Maranhão, Pará, Amazonas e Amapá. Essas terras foram adquiridas com incentivos fiscais, isto é, o próprio governo militar financiava, em condições privilegiadas, a compra das reservas minerais pelos grupos estrangeiros. Não se tratava apenas de inconsequência ou incompetência governamental: tudo integrava um plano, pois, como já vimos, precisou-se até modificar a Constituição para viabilizar a posse do subsolo pelos estrangeiros.

O governo apresentou tal política como parte das suas metas desenvolvimentistas. Incentivos e financiamentos foram coordenados pela Superintendência para o Desenvolvimento da Amazônia (Sudam), com o apoio do Banco da Amazônia. A instalação das multinacionais, principalmente no governo Médici, exigiu obras de infraestrutura, como estradas, usinas etc. Só as rodovias Transamazônica e Belém-Brasília absorveram mais de US$ 150 milhões.

A área controlada ou possuída pelas multinacionais é a mais rica do Brasil. Na Serra dos Carajás (PA), por exemplo, além dos minérios nobres, encontra-se uma das maiores reservas de ouro do mundo. A associação multinacionais-estatais na década de 1970 deu início à exploração desordenada da região. Fica difícil avaliar a quantidade de minérios (ouro, manganês, zinco, urânio e outros raros, como a cromita) extraída, pois o contrabando foi (e continua sendo) uma norma. Para se ter uma ideia da "invasão" das multinacionais na área, basta mencionar que, no fim do governo Figueiredo, um só contrato, de um único empreendimento, envolveu 32 empresas japonesas.

Convém lembrar que a entrega da Amazônia "casava-se" com o projeto de "ocupação" geopolítica previsto pelo general Golbery, no seu *Geopolítica do Brasil*. A "ocupação" da Amazônia constituía a terceira fase do seu plano. Primeiro, integrar-se-ia o Sul ao Nordeste e ao centro do país, o que formaria uma espécie de "couraça" contra a "invasão" do interior do território. Na segunda fase, com base nessa "aliança", a colonização caminharia da plataforma central em direção ao noroeste. A terceira fase levaria a "civilização" para a região Amazônica. Por coincidência ou não, isso aconteceu com a expansão dos pastos, "subindo" de Goiás à Amazônia, e com a exploração dos minérios da Serra dos Carajás, seguindo "a progressão E-O, segundo o eixo do grande rio".

O projeto geopolítico não pretendia desenvolver a Amazônia de acordo com os interesses da sua população. Pelo contrário, várias comunidades foram perseguidas e expulsas da região por atrapalharem o projeto. A intenção básica era aumentar o potencial econômico para criar "segurança" e trocar matéria-prima estratégica por avanços geopolíticos.

Traição ou equívoco?

É evidente o aspecto fantasioso e "imaginativo" do raciocínio geopolítico adotado pelos militares. O paradoxo está em sua própria aplicação, que põe em risco a verdadeira segurança nacional, tão bisonha e vigorosamente defendida pelos governos militares. Tais políticas resultaram, por exemplo, em que, "dos 2,8 bilhões de toneladas de ferro em jazidas, cerca de 2,3 bilhões já se encontram em poder de empresas estrangeiras (...). Todas as jazidas de manganês encontram-se exploradas e sob controle de empresas norte-americanas", informa o jurista Osni Pereira em *A Transamazônica, prós e contras*.

A política da Doutrina de Segurança Nacional ocasionou a perda da nossa soberania referente aos minérios nobres. Para entender como isso aconteceu, destaque-se que o conhecimento da vasta área amazônica "invadida" pelas multinacionais baseou-se em um levantamento aerofotogramétrico realizado pela Força Aérea dos Estados Unidos, com a autorização do presidente Castelo Branco, conforme revelou uma CPI da Câmara Federal. A cumplicidade das autoridades brasileiras ficou clara em uma denúncia do então deputado Bernardo Cabral, do MDB do Amazonas, transcrita em *Cartéis e desnacionalização*, do jornalista Moniz Bandeira:

> As cópias revelando a localização de jazidas chegam ao conhecimento de muitas companhias internacionais. A Georgia Pacific Corporation, proprietária de vasta gleba na Amazônia, obteve, por exemplo, uma daquelas cópias, usando a intermediação do próprio embaixador do Brasil nos Estados Unidos, Vasco Leitão da Cunha, conforme o norte-americano Robins Hollie Mac Glown revelou à Comissão Parlamentar de Inquérito, constituída para investigar a aquisição de terras brasileiras por estrangeiros.

Assistia-se a um processo de espoliação do Brasil – patrocinado pelos governos militares –, que se interliga em diversos pontos, "abrindo" a economia brasileira para as multinacionais. Para os que preferem uma interpretação mais emocional ou ideológica dessa entrega, não há dúvida de que os militares "venderam" a pátria. Porém, uma análise mais fria – que não descarta a venalidade de certas decisões – demonstra, com um pouco de otimismo sobre a natureza humana, pelo menos um sensacional equívoco dos militares. Assim, poder-se-ia concordar tecnicamente com o julgamento da cientista social Maria Helena Moreira Alves, em *Estado e oposição no Brasil*:

> O programa global da equipe econômica destinava-se a racionalizar a economia pela concentração do capital nas indústrias mais eficientes e o estímulo à penetração do capital multinacional mais moderno e produtivo. Ia-se assim ao encontro das premissas da Doutrina de Segurança Nacional e Desenvolvimento no tocante aos efeitos benéficos do investimento multinacional: *a melhor maneira de desenvolver o Brasil era transformá-lo em área prioritária do investimento estrangeiro.* (O grifo é nosso.)

Como estamos verificando, a prioridade ao capital estrangeiro fez-se em detrimento da indústria nacional e provocando um endividamento externo impagável, sem nenhum benefício social para o povo brasileiro.

O capital estrangeiro impõe-se

A Lei de Remessa de Lucros aprovada em 1962 só foi promulgada em janeiro de 1964, no fim do governo João Goulart, sendo revogada imediatamente após o golpe. Uma nova lei, inspirada por Roberto Campos, permitiu a remessa de lucros praticamente sem controle para o Exterior e ainda caracterizou como capital original os lucros reinvestidos no Brasil, reduzindo o imposto devido pelas multinacionais, nestes casos, de 30% para 15%.

A entrada de máquinas foi considerada como investimento direto das multinacionais, isento de impostos. Na prática, as multinacionais importavam as *suas* máquinas e aumentavam a *nossa* dívida externa, fato confirmado pelo ministro da Fazenda do governo Figueiredo, Karlos

Rischbieter: "Dois terços da dívida externa do país são das multinacionais e um terço decorre da dívida pública, e estamos em grande dependência do capital estrangeiro, continuadamente". Logo depois dessa declaração, ele deixou o cargo.

A política econômica dos militares liquidava a indústria brasileira. A Associação Brasileira para o Desenvolvimento das Indústrias de Base (Abdib) denunciou: "A empresa multinacional não traz tecnologia. Ocupa espaço e impede o desenvolvimento da tecnologia nacional, concorrendo deslealmente com as empresas locais".

A Abdib reunia os principais empresários brasileiros, insuspeitos de qualquer "subversão". Em 1977 – já com treze anos de governo militar –, as estatísticas revelaram o necrológio da indústria nacional: 72% da indústria de aparelhos elétricos era dominada pelos estrangeiros e o mesmo ocorria com 99% do setor de tabaco, 69% dos materiais de transporte, 60% da mecânica, 100% das máquinas para escritório... Ainda em 1977, 52% do comércio externo brasileiro estava nas mãos das multinacionais, ou seja, o Brasil não controlava suas exportações.

Em 1980, o ex-deputado Alencar Furtado, cassado em 1977, divulgou dados referentes à remessa de lucros e aos investimentos de algumas empresas. Segundo o Banco Central, a Esso aplicou US$ 1,8 milhão e enviou para a matriz US$ 44,5 milhões. A Souza Cruz, como já vimos, investiu US$ 2,5 milhões e remeteu US$ 82,3 milhões. A Volkswagen colocou US$ 119,5 milhões e mandou US$ 279,1 milhões. E a Rhodia, que entrou com US$ 14,3 milhões, mandou US$ 60,6 milhões. O deputado ainda denunciou que em quinze anos de ditadura militar "mais de quinze ministros da República eram também testas de ferro de empresas estrangeiras".

Com mais frequência, julga-se o regime militar pelos crimes contra os direitos humanos. Sem deixar de lado a gravidade moral dessas agressões contra os cidadãos, politicamente será mais produtivo julgá-lo por sua atuação econômica.

O milagre econômico

Mas aconteceu um *milagre econômico*.

Havia censura nos jornais e na televisão, políticos calados e cassados, uma explosão consumista oferecida à classe média alta e uma intensa propaganda, que se aproveitou até da conquista, em 1970, do tricampeonato mundial de futebol. Nesse contexto, o governo Médici apresentou ao povo e ao mundo o país mágico que realizava um "milagre econômico", caminhando a passos largos para tornar-se uma potência.

Em menos de cinco anos, o "milagre" mostrou a sua verdadeira face: a concentração de renda abusiva privilegiou uns poucos e afundou na miséria a grande maioria do povo – e provocou o mais violento processo de desnutrição da nossa história.

Mas a ditadura, quando não mentia sobre a realidade brasileira, proibia que ela fosse conhecida. Por exemplo, o pediatra Yvon Rodrigues, da Academia Nacional de Medicina, fez a seguinte denúncia em reportagem de *O Globo*, em 28 de junho de 1987:

> Em 1974 um órgão do governo gastou 20 milhões de dólares para investigar o que comiam os brasileiros. Foram entrevistadas 55 mil famílias, e o resultado foi tão aterrador que se proibiu a divulgação dos resultados. Havia famílias que comiam ratos, crianças que disputavam fezes (...)

Outra pesquisa, também citada pelo pediatra, revelou que em 1980 existiam 4,4 milhões de famílias na pobreza absoluta e "em 1985, mais de 60 milhões de jovens eram carentes, ou seja, suas famílias não tinham meios para garantir seu bom desenvolvimento físico e mental".

Eis o que estava por trás do "milagre". Se quisermos mais estatísticas do tempo do "milagre", vamos recordar que em 1973 o Produto Interno Bruto (PIB) aumentou 11,4%. Com esse espetacular crescimento, 13 milhões de crianças e 28 milhões de adultos passavam fome. Mais: 40% das residências não tinham sequer vaso sanitário; 38,5% das famílias consumiam menos calorias que o mínimo necessário, apresentando desnutrição crônica, que afetava o desenvolvimento mental; quase 50% das famílias não ganhavam o suficiente para se alimentar; 69% dos óbitos infantis decorriam da desnutrição.

O Ministério da Saúde informava que pelo menos 10 milhões de brasileiros eram deficientes mentais. Entre as principais causas de morte estava a tuberculose, provocada especialmente pela desnutrição e pela falta de higiene. O empobrecimento do povo nas grandes cidades aumentou o índice de mortalidade infantil. O IBGE registra que, entre 1960 e 1968, a mortalidade infantil em São Paulo subiu de 62,9 para 83,8 (por mil). Em Belo Horizonte, de 1960 a 1972, o índice pulou de 74,2 para 105,3. Autoridades sanitárias previram, já em 1974, que o Brasil poderia ser vítima de epidemias erradicadas (cólera, varíola, malária) e prognosticaram o aumento de mortes por meningite, sarampo, catapora.

Nesse tempo de "milagre", em 1973, produziu-se mais de 1 milhão de automóveis e, embora o PIB crescesse 11,4%, registrou-se a maior baixa salarial da nossa história. Muitos críticos do regime militar viam uma "contradição social" nessa situação: crescimento econômico e crescimento da miséria. Parece que não se tratava apenas disso, e sim do fruto da política programada pelo governo, uma *consequência* da Doutrina de Segurança Nacional e Desenvolvimento, com alta concentração de renda para os "aliados internos", a chamada "classe média alta".

A divisão do bolo

Essa época ficou marcada pelos grandes empreendimentos da geopolítica militar: Transamazônica, Belém-Brasília e, coroando, a Usina Hidrelétrica de Itaipu. Como nem a brutal censura conseguia esconder a miséria, o governo moveu a sua máquina de propaganda, comandada pela Rede Globo, alardeando que, antes de dividir, era preciso fazer crescer o "bolo". Mas o "bolo" que mais cresceu foi o da dívida externa: pulou de US$ 3,9 bilhões, em 1968, para US$ 12,5 bilhões, em 1973.

Esse "bolo" – sim – acabou dividido por todos...

Adotaram-se diversas medidas econômicas nesse período. Criou-se o Banco Nacional da Habitação (BNH) para financiar a construção civil e incentivar as indústrias do setor. O financiamento às grandes empreiteiras resolvia, em parte, o drama do desemprego da mão de obra desqualificada. Estimulou-se a poupança com juros atrativos, captando recursos que seriam transferidos ao BNH. Mas soluções como o BNH não buscavam o atendimento de necessidades sociais. Visavam resolver problemas específicos.

De 1968 a 1971, as indústrias que forneciam para as "classes baixas" prosperaram bem menos do que as que abasteciam as "classes altas". A produção de alimentos registrou um aumento de 7,5% naquele período, enquanto a de automóveis cresceu 19,1%, e a de eletrodomésticos, cerca de 14%.

Em lugar de alimentos, a ditadura ofereceu automóveis e televisores coloridos. Logo os resultados apareceram: o achatamento salarial não permitiu aos trabalhadores o consumo mais refinado. Para impedir o recuo da produção, incentivaram-se as exportações, que aumentaram 52,2%, entre 1967 e 1972. Porém, a competição no Exterior exigiu a redução de custos. Os preços do mercado externo eram em média 40% a 60% mais baixos que os cobrados no Brasil. Para viabilizar tal baixa, o governo reduziu impostos, concedeu financiamentos com juros baixos etc., além de achatar ainda mais os salários, induzindo os operários a aumentar a jornada de trabalho.

Os choques do petróleo e dos juros

A artificialidade do "milagre" ficou clara depois de 1974, quando o preço do petróleo explodiu. Houve uma crise generalizada do capitalismo, mas as nações desenvolvidas absorveram o choque, reduzindo despesas. Uma das medidas adotadas para a diminuição dos gastos foi o corte das importações. Esse corte prejudicou o Brasil duplamente: o país perdeu o mercado externo e não pôde restringir suas próprias importações – dependia do petróleo para funcionar. Era o início da grande crise. O Brasil, para usar uma expressão popular, "caiu na real". Uma realidade agravada pela ideologia do regime militar.

Na ânsia de "penetração geopolítica", por exemplo, os militares construíram rodovias, incentivaram a produção de caminhões etc., liquidando o transporte ferroviário. Depois tiveram de arcar com as consequências dessa política. A inflação, que vinha sendo comprimida pelo controle estatal na economia (ou mediante a falsificação das estatísticas), subiu às alturas. Mais do que isso: havia uma inflação oficial, que servia de índice, e outra, a verdadeira, que se deduzia pela alta taxa de juros e que chegou a superar em 50% os índices governamentais.

De 1973 a 1974, a Organização dos Países Exportadores de Petróleo (Opep) aumentou o preço do petróleo em 232%. Com a crise mundial, as exportações brasileiras, que até 1973 vinham crescendo em torno de 21,3% ao ano, caíram para 18,6%, em 1973 e 1975. Em 1979, houve um "segundo choque": a Opep remarcou em 100% o preço do petróleo, que passou de US$ 12 para US$ 24 o barril.

Em 1979, também ocorreu a alta internacional dos juros. Isso aumentou a dívida do país, que se tornava cada vez mais dependente dos empréstimos do Exterior. No período de 1970 a 1982, os Estados Unidos elevaram seus juros de 6,7% para 15,5% ao ano. Os desacertos da política econômica do ministro Delfim Neto, aumentando o endividamento, provocaram uma recessão que se manifestou por taxas negativas no PIB: em 1981, o PIB registrou –1,6%, com reflexos na renda *per capita*, que baixou 3,9%.

A alta do petróleo mais evidenciou do que provocou o fim do ritmo de desenvolvimento. O crescimento econômico estava baseado, ainda em 1979, no crescente endividamento externo. O achatamento salarial – a garantia de mão de obra barata às multinacionais – negou aos trabalhadores condições de consumo interno, obrigando o governo a incentivar as exportações.

O choque do petróleo também diminuiu drasticamente os privilégios da pequena parcela que sustentava o consumo interno mais sofisticado. (Convém lembrar que apenas 12% dos assalariados tinham capacidade real de consumo.) Se relacionarmos o aumento da produtividade dos operários com os cálculos decrescentes para os reajustes salariais, verificaremos que – além de marginalizar a grande maioria da população do consumo – o achatamento salarial também criava bolsões de miséria, que comprometiam a própria sobrevivência dos trabalhadores.

Estatísticas do Ministério do Planejamento registram, em 1968, um índice de 6,2 de produtividade real; porém, o cálculo dos aumentos salariais baseou-se no índice 2. Essa situação repetiu-se nos anos seguintes, chegando a 1973 – o ano do "milagre" pleno – com a produtividade real de 8,4 e a base de cálculo para reajuste de salários de 4.

Naturalmente, os burocratas trabalhavam com "números", prevendo o crescimento do chamado "bolo". Mas não levavam em conta – o que ainda parece incompreensível para grande parte de tecnocratas – que o desenvolvimento de uma nação só é possível quando se eleva o padrão de vida de todo o povo. Por isso, não se sensibilizaram com os números da miséria nacional. Em 1979, a renda *per capita* no Maranhão, por exemplo, ficou em US$ 330 por ano, ou seja, US$ 27,5 mensais. No Piauí, foi ainda menor: US$ 310 anuais. Para demonstrar a perversidade dessa situação, basta lembrar que a concentração de renda é maior quanto mais pobres as regiões brasileiras; assim, a renda real de um maranhense ou piauiense chegaria a limites negativos em qualquer estatística.

Também esclarecedoras são as diferenças salariais entre o trabalhador brasileiro das áreas mais desenvolvidas e o do Primeiro Mundo. A estratégia de mão de obra barata chegou a extremos: em 1979, um operário da Volkswagen na Alemanha ganhava US$ 13,3 por hora; já o trabalhador brasileiro, com a mesma função na filial alemã em São Paulo, recebia US$ 2,2 por hora.

A miséria brasileira

Uma entidade internacional, a World Population, apurou que, em 1979, entre as crianças de até 5 anos, 52,4% dos óbitos foram provocados pela desnutrição. Combinando-se a desnutrição com causas infecciosas, o índice sobe para 60,9%. Em 1975, o total de mortes por complicações no parto ou gravidez malconduzida – quando se aliam subnutrição, doenças e falta de higiene – era nove vezes maior no Brasil do que nos países desenvolvidos.

Os dados sobre a miséria nacional são fartos e provêm de órgãos do governo brasileiro e de entidades internacionais. Tudo isso acontecia em pleno tempo do "milagre". Mas as atenções estavam voltadas para o projeto econômico, que, associando subserviência ao capital externo e atendendo às necessidades da Doutrina de Segurança Nacional, pretendia a criação de um Estado-potência. O governo tinha informações sobre as condições subumanas em que vivia o povo. O Instituto Brasileiro de Geografia e Estatística (IBGE) registrou, em 1981, que 70% da população não comia o necessário e reconhecia, oficialmente, a existência de 71 milhões de subnutridos no Brasil.

No entanto, o modelo econômico patrocinado pelos governos militares desprezava essa dramática situação. Em vez de investir na produção de alimentos, produzia grãos para a exportação – era necessário obter dólares para pagar os empréstimos e manter o desenvolvimento industrial que favorecia as multinacionais. Assim, os financiamentos para a agricultura iam para a soja, a cana-de-açúcar e a laranja, relegando a produção de milho, feijão etc. Entre 1969 e 1979, enquanto a produção de feijão caiu 17,32%, as terras destinadas ao plantio da soja aumentaram de 906 mil para 8,3 milhões de hectares. O resultado? Alimentos mais caros e mais subnutrição.

Nessa época, surgiu uma nova força de trabalho de reserva no Brasil: o boia-fria. As culturas extensivas expulsaram do campo milhares de trabalhadores que, agrupados em favelas na periferia das cidades, ficaram disponíveis para as atividades temporárias das lavouras de exportação. Eram recrutados para trabalhar sem vínculo empregatício e mediante um pagamento mínimo. Isso representou um desastre para a alimentação básica: se, em 1982, 4,5 quilos de feijão "custavam" nove horas de trabalho, um ano depois eram necessárias 31 horas para comprar a mesma quantidade.

Os trabalhadores perdem direitos

Para implantar o modelo econômico, não bastou o controle político. Foi necessário quebrar a espinha dorsal dos trabalhadores, reprimindo sua principal fonte de organização – os sindicatos.

Até 1970, os governos militares fizeram 536 intervenções nos sindicatos, destituindo presidentes e diretores e substituindo-os por interventores. Além disso, restringiram a atuação sindical e criaram leis para impedir protestos e cercear o direito de greve. A partir de 1969, todo sindicalista deposto da diretoria também perdia seus direitos políticos, ficando impossibilitado de disputar cargos eletivos.

Um dos maiores golpes contra os direitos do trabalhador foi o fim da estabilidade. Até 1966, o funcionário que tivesse de um a dez anos de serviço na mesma empresa tinha direito à indenização de um salário por ano, caso fosse despedido sem justa causa. Aqueles que ultrapassavam os dez anos ganhavam estabilidade: só poderiam ser demitidos por justa causa ou recebendo a indenização em dobro: dois salários por ano trabalhado.

Essa lei dava segurança ao empregado, pois as empresas evitavam as demissões, devido às altas indenizações envolvidas no processo. Como apenas uma falta gravíssima justificava a dispensa dos estáveis, eram comuns os "acertos por fora": antes de completarem dez anos, os trabalhadores se demitiam voluntariamente, recebendo uma soma inferior à indenização correta e sendo readmitidos em seguida.

Essa legislação impediu o desemprego em massa nos períodos de crise. Mas no governo Castelo Branco (1964-1967) revogou-se a Lei de Estabilidade, substituindo-a pelo Fundo de Garantia do Tempo de Serviço (FGTS), em 13 de setembro de 1966. A partir daí, as contribuições passaram a ser recolhidas pelo BNH, que, teoricamente, usaria o dinheiro para "financiar a casa própria". Dessa forma, o trabalhador poderia ser dispensado a qualquer momento, sem maiores ônus para a empresa, que lhe fornecia uma "guia" de demissão para sacar o dinheiro do fundo.

Os resultados não se limitaram apenas à insegurança e às perdas salariais: os trabalhadores começaram a trabalhar mais. Entre 1970 e 1978, houve um aumento de produtividade na indústria paulista.

Segundo o Sindicato dos Metalúrgicos, esse salto foi possível graças às horas extras e aos novos ritmos de produção. Além disso, aconteceram alguns retrocessos dignos do século XIX. Reduziu-se, por exemplo, a idade mínima do trabalhador para 12 anos, o que praticamente institucionalizou o trabalho infantil. Porém, no mesmo período, os salários diminuíram. Ou seja, o trabalhor não usufruiu os benefícios do aumento da produtividade, que, obviamente, serviu para engordar o lucro das empresas.

Com censura e autoritarismo, tudo foi permitido. O governo militar declarou guerra aos trabalhadores, encarando a greve quase como uma guerrilha. Isso ficou bem claro no discurso do ministro do Trabalho da época, Jarbas Passarinho, ao referir-se a uma greve dos bancários em Belo Horizonte:

> Se uma minoria conseguir empalmar a greve por índice salarial acima do índice oficial e não oferecido espontaneamente pelos patrões, ou essa minoria tem um dispositivo militar capaz de levar tudo de roldão ou não tem. Se não tem, espere para ver o que vai dar.

A prepotente frase do ministro revela exemplarmente as relações entre o governo militar e os trabalhadores.

8. Saúde e educação

Para privilegiar a "segurança", foram cortadas verbas para a Educação e para a Saúde. A qualidade de vida dos pobres caiu. A educação sofreu um processo repressivo, com perseguição a professores e intelectuais e policiamento até em sala de aula de algumas universidades, como na USP. A cultura foi sufocada por uma censura irracional.

O homem gabiru

A política econômica dos governos militares piorou a saúde do povo. Priorizou as exportações e reduziu a área de plantio para consumo interno, provocando a alta dos preços. As estatísticas da época mostram uma nítida relação entre a carestia dos alimentos, o achatamento salarial e o declínio da saúde. Isso não significa que antes a situação era boa. Mas, com a ditadura, o que era ruim ficou pior.

Considerando um índice 100 para o custo da cesta básica, em 1951, chegaremos a 1962 com o índice 200; portanto, um aumento de 100% em onze anos. No período ditatorial de 1970 a 1978, o Departamento Intersindical de Estatística e Estudos Socioeconômicos (Dieese) registrou uma evolução no preço da cesta básica que variou do índice 100 ao 1189. Em 1978, precisava-se trabalhar 43% de horas a mais do que em 1970 para comprar a mesma quantidade de mantimentos. Esses dados referem-se aos trabalhadores industriais da Grande São Paulo, a nossa "elite" operária.

A saúde da população passou a refletir sua capacidade de consumo. O trabalhador paulista alimentava-se com o mínimo exigido para garantir a sobrevivência física da mão de obra. Onde não foi necessário manter esse limite a situação chegou a extremos: no Nordeste, 80% da população não consumia sequer o mínimo calórico necessário; em algumas áreas do Norte, perto de 90% estava na mesma situação. Entidades internacionais pesquisaram a alimentação nessas regiões, chegando a conclusões estarrecedoras.

A consequência mais dramática dessa situação apareceu no começo da década de 1990, com a revelação para o mundo do novo biotipo nordestino: um homenzinho com altura entre 1,37 metro e 1,45 metro, o chamado "homem gabiru".

Em 1983, o general Danilo Venturini, do Conselho de Segurança Nacional, revelou que o Exército brasileiro dispensava anualmente 45% dos convocados por causa da aguda desnutrição que os incapacitava para qualquer esforço físico. Em 1979, um documento do Banco Mundial indicou que a saúde do brasileiro piorava a cada ano. No Nordeste, 30% dos menores de 18 anos alimentavam-se com 400 calorias diárias: a cota mínima seria 3 mil. Cerca de 80% dos nortistas e nordestinos tinham uma expectativa de vida catorze anos abaixo daquela estimada para as suas elites sociais.

Ficou patente a relação entre baixos salários e saúde precária, com danosas consequências genéticas. Enquanto esses dados eram conhecidos e divulgados em todo o mundo, os governos militares insistiam na política do achatamento salarial e aumentavam os custos dos financiamentos agrícolas, penalizando a produção de alimentos.

Paralelamente, tomaram-se medidas para combater a pobreza... eliminando os pobres. A partir do governo Castelo Branco, várias missões religiosas norte-americanas receberam autorização para trabalhar no Norte e Nordeste do país, promovendo o *controle da natalidade e esterilizando as mulheres jovens*. As denúncias não vinham apenas dos adversários do governo, mas até de sua cúpula administrativa. Ivo Arzua, ministro da Agricultura de Costa e Silva, alertou o presidente e pediu providências contra as missões norte-americanas, que estavam esterilizando mulheres ao longo da Belém-Brasília.

O caso assumiu aspectos de escândalo, exigindo a manifestação do Ministério da Saúde e forçando um pronunciamento da Embaixada dos Estados Unidos. A Embaixada não negou o fato, mas se desculpou, afirmando tratar-se apenas de uma "pesquisa de saúde pública".

O descaso com a alimentação e a saúde do povo caracterizou o regime militar, fato verificável pelos números do próprio governo. Houve, por exemplo, diminuição progressiva das verbas aplicadas na saúde. Em 1966, o Ministério da Saúde recebia 4,29% do orçamento federal; essa porcentagem caiu anualmente, atingindo o mínimo de 0,99% do orçamento, em 1974.

O modelo da educação

O Ministério da Educação passou por situação semelhante ao da Saúde. Em 1965, encaminhou-se 11,07% do orçamento federal à educação; nove anos depois, a verba correspondia a apenas 4,95%. Privilegiou-se a "formação técnica", treinando mão de obra para as multinacionais e desconsiderando o ensino básico. As maiores verbas foram destinadas à educação superior. Tentou-se "tecnificar" o ensino, o que resultou em um processo alienante e policialesco dentro das faculdades.

As consequências são sentidas até hoje. Graças ao desprezo pelo ensino básico, dos 27,4 milhões de crianças de 7 a 14 anos existentes no Brasil, em 1976, cerca de 12,5 milhões ficaram sem escola, segundo o IBGE; não foram matriculadas 63% das crianças da faixa de até 9 anos e 26% da faixa de até 14 anos. No total, 45,62% das crianças em idade escolar ficaram fora das escolas naquele ano.

Mais uma vez, a combinação saúde-salário-educação pode ilustrar o quadro social dos governos militares. Em 1973, o índice de mortalidade infantil na cidade de São Paulo aumentou: em cada mil crianças nascidas vivas, 93 morreram antes de completar um ano (em 1951, morriam 71). Ainda no mesmo ano, 70% das crianças que abandonaram as escolas de primeiro grau, hoje ensino fundamental, ou perderam o ano apresentavam problemas de saúde. Pesquisas do Ministério da Saúde e do Dieese revelaram que 89% dos alunos do estado de São Paulo tinham parasitas intestinais e 70% deles moravam em casas sem rede de esgoto.

O déficit educacional agravou-se com a insistência em orientar o ensino para "criar um Brasil-potência". Desde a posse do marechal Castelo Branco, ficou clara a miopia militar para os aspectos básicos da educação. Os resultados, que são graves no mais desenvolvido estado brasileiro, chegam a ser dramáticos no Norte e Nordeste.

Como e por quê?

Mais uma vez, pela subserviência ao modelo norte-americano. A partir do governo Castelo Branco, o ensino brasileiro foi orientado pela United States Agency for International Development (Usaid), que certamente planejava para o Brasil uma educação orientada pelo padrão dos Estados Unidos. O pedagogo norte-americano Ted Goertzel, que pesquisou o acordo MEC-Usaid, escreveu na *Revista da Civilização Brasileira – 14*, em julho de 1967:

Um acordo recente entre os governos do Brasil e dos Estados Unidos concedeu considerável responsabilidade, na reorganização do sistema universitário brasileiro, a um grupo de cinco planejadores educacionais americanos. Embora o acordo, em sua forma atual, esteja destinado ao fracasso, a Usaid está certa de continuar a exercer sua considerável influência nos esforços para reformar a educação superior brasileira.

O longo artigo denunciou o que chamou de "ampla dominação no processo acadêmico", que dava ênfase à educação técnica.

O modelo proposto pela Usaid beneficiou-se de uma situação concreta: a ascensão das multinacionais criou os seus próprios "intelectuais orgânicos", que amoldam ou cooptam as elites culturais, e estas, por serem ou se sentirem *elites*, chamam a si a responsabilidade (e o poder) de ditar as regras da cultura.

Não é um modelo nascido do nada ou imposto gratuitamente: corresponde a uma necessidade do sistema e a uma conveniência de classe.

A agressão à cultura

Em 9 de abril de 1965, tropas do Exército, armadas para combate, invadiram a Universidade de Brasília (UnB). Professores e alunos foram presos e executou-se uma "batida" minuciosa para apreensão de documentos e livros. Após a demissão do reitor e dos seus companheiros de administração, em poucos meses a UnB estava praticamente liquidada: passou a funcionar, expurgada, como um apêndice cultural da ditadura.

Outra grande universidade brasileira, a Universidade de São Paulo (USP), também sofreu agressões. Na USP, a situação mostrou-se, em certo sentido, ainda mais dramática. Os militares não precisaram designar uma tropa para conquistar a universidade: o seu reitor, Gama e Silva, aliou-se à ditadura, traindo os compromissos assumidos em 1963, quando se elegeu graças a uma conciliação entre conservadores e progressistas. Os resultados foram prisões espetaculosas, perseguições e uma repressão sistemática. A queda moral na reitoria da USP chegou ao ponto de Gama e Silva nomear uma comissão de dedos-duros para policiar professores e alunos, conforme a *Folha de S.Paulo* noticiou em 26 de julho de 1964.

O livro negro da USP, editado pela Associação dos Docentes da Universidade de São Paulo (Adusp), faz um amplo relato das misérias impostas àquela universidade durante a ditadura. A lista de professores atingidos contém nomes como os de Caio Prado Jr., Florestan Fernandes, Samuel Barnsley Pessoa e muitos outros, incluindo alunos e funcionários. O caso da prisão e afastamento do professor Isaías Raw é característico da brutalidade reinante: ele não foi acusado de "comunismo" ou de qualquer outro tipo de "subversão", mas acabou sendo preso e cassado para favorecer outro professor no concurso de Química Biológica. A perseguição a Raw incorporou até elementos de antissemitismo – um colega interessado no seu afastamento chegou a afirmar em carta que não se podia transformar a USP em "casa de Abraão", uma expressão pejorativa referente ao antissemitismo.

De 1970 a 1975, a repressão institucionalizou-se no interior da USP. Reitorias dóceis à ditadura agiam como se a universidade fosse um apêndice burocrático do sistema. Sufocaram-se as manifestações de rebeldia, alguns alunos morreram e outros "desapareceram". Dentro da USP funcionou um "tribunal militar", com agentes de segurança vigiando a faculdade. Tudo clandestino, porém mais ou menos às claras, como convém a um sistema autoritário.

Essa tragédia culminou com a morte do estudante uspiano José Guimarães, ocorrida em uma batalha de rua entre os alunos da USP e os do Mackenzie, estes infiltrados pelo Comando de Caça aos Comunistas (CCC). Dos telhados do Mackenzie, na rua Maria Antônia, no centro de São Paulo, atiradores armados com fuzis e revólveres alvejaram o prédio da USP. Segundo depoimentos da época, a reitora do Mackenzie, Ester Figueiredo Ferraz, mais tarde ministra da Educação, apoiou os seus alunos. Ela chegou até a abrir-lhes um depósito onde se guardavam ácidos, que foram utilizados na confecção das bombas atiradas no edifício da USP.

Não se pretende fazer aqui um relato exaustivo das violências cometidas contra as faculdades e os seus alunos ou de todos os desvios da política educacional. Procurou-se evidenciar que a política do governo militar empenhou-se na destruição cultural das forças que poderiam resistir à barbárie. Ao se impor pela força, adotando um modelo consequente e coerente com a Doutrina de Segurança Nacional, a ditadura mostrou a sua verdadeira natureza em termos culturais. E cumpriu a "profecia" do comandante da invasão da UnB, coronel Darci Lázaro: "Se essa história de cultura vai nos atrapalhar a endireitar o Brasil, vamos acabar com a cultura durante trinta anos".

Dito e feito.

9. Os órgãos de segurança

Os órgãos de segurança passaram a ser o principal cuidado do governo ditatorial. Criou-se um verdadeiro estado policial, com o SNI espionando o país. Nas "delegacias políticas", os agentes da ditadura torturaram e assassinaram e os seus crimes só puderam ser denunciados anos depois do fim do regime militar.

O SNI espia a nação

Para controlar a sociedade, a ditadura apoiou-se em um espetacular sistema de repressão. Em 13 de junho de 1964, criou-se o Serviço Nacional de Informações (SNI), sob orientação do general Golbery do Couto e Silva. O SNI recebia verbas secretas e supervisionava os outros "departamentos de segurança", incluindo a Divisão de Segurança e Informação (DSI), que se incorporou a todos os ministérios. As DSIs informavam o SNI sobre o funcionamento dos ministérios, investigavam os candidatos a cargos públicos e vetavam ou puniam aqueles considerados subversivos. É fácil perceber que o SNI podia pressionar os ministros.

O SNI só prestava contas ao Conselho de Segurança Nacional (CSN) e ao presidente da República. Na prática, era mais poderoso que o Ministério da Justiça, que, teoricamente, chefiava o Departamento de Polícia Federal (DPF).

Entre os vários departamentos controlados, orientados ou submissos ao SNI, incluíam-se os serviços de segurança do Exército, da Marinha e da Aeronáutica. No Exército, por exemplo, o Centro de Informações do Exército (Ciex) e o Serviço Secreto do Exército (E-2) estavam hierarquicamente submetidos ao SNI. O mesmo ocorria com o Centro de Informações da Marinha (Cenimar), o Serviço Secreto da Marinha (M-2), o Centro de Informação de Segurança da Aeronáutica (Cisa) e o Serviço Secreto da Aeronáutica (A-2).

A Delegacia Estadual de Ordem Política e Social (Deops) e o Departamento de Ordem Política e Social (Dops) espalhados pelos estados também trabalhavam para o SNI. Havia ainda uma Divisão Municipal (DM), subordinada aos Dops, e uma Assessoria de Segurança e Informações (ASI) em todos os órgãos governamentais. Enfim, estabeleceu-se uma rede que, partindo do presidente da República (por meio do CSN e do SNI), abarcava toda a sociedade brasileira, vendo em cada cidadão um suspeito, um potencial perigo à "segurança interna".

Todo o sistema baseava-se na divisão de tarefas: uns coletavam informações, outros analisavam, outros reprimiam etc. Até 1967, por exemplo, o Cenimar e os Dops (estes usando as Secretarias de Segurança Estaduais) encarregavam-se de "sujar as mãos", torturando e interrogando. A Polícia Federal acumulava os encargos de repressão e censura. Apareceram, então, os grupos paramilitares, com apoio oficial.

Esse processo de brutalidade consumiu enormes verbas do orçamento. Em 1966, os órgãos de segurança gastaram US$ 214,7 milhões. Em 1978, chegaram a US$ 2,08 bilhões, configurando um aumento de quase dez vezes em oito anos de ditadura.

O Estado policial

O SNI foi reconhecido por lei três meses depois do golpe, mas já estava sendo organizado pelo general Golbery durante a conspiração.

Sua base foram os arquivos do Grupo de Levantamento de Conjuntura, do Ipes. Nos documentos transferidos para o SNI, existiam "fichas" de 400 mil cidadãos suspeitos. A importância do Ipes (na formação do SNI) e dos organizadores do SNI (no governo militar) fica óbvia ao checarmos os nomes dos responsáveis pelos órgãos de espionagem e repressão: generais Golbery do Couto e Silva, Ernesto Geisel, Emílio Garrastazu Médici e João Figueiredo, que chefiou o SNI no Rio de Janeiro antes de ser nomeado presidente da República.

Mais do que uma República repressiva, criou-se um Estado policial. Os suspeitos passavam por interrogatórios, torturas, perda de empregos. Disseminava-se na população o medo e o convite à delação. Anulava-se o cidadão, gerando o pânico. Pode-se constatar isso no *Decálogo de Segurança* que os Dops distribuíram, em 1969, nas portarias de prédios, fábricas, escolas, escritórios etc. O folheto dava conselhos deste tipo:

> Antes de formar uma opinião, verifique várias vezes se ela é realmente sua, ou se não passa de influência de "amigos" que o envolveram. Não estará sendo você um inocente útil numa guerra que visa destruir você, sua família e tudo o que você mais ama nesta vida?

Tais folhetos – combinados com uma ampla campanha televisiva, na qual terroristas e subversivos apareciam como monstros destruidores de "Deus, pátria e família", causando mortes e horrores – no mínimo amedrontavam as pessoas. E, depois do susto, vinha o convite à deduragem:

> Se você for convidado, ou sondado, para conversas sobre assuntos que lhe pareçam estranhos ou suspeitos, finja que concorda e cultive relações com a pessoa que assim o sondou e avise a Polícia ou o quartel mais próximo. As autoridades lhe dão todas as garantias, incluindo a de anonimato.

Em consequência, muitos perderam empregos ou foram submetidos a interrogatórios e torturas por causa de "denúncias anônimas" – algumas motivadas pelo medo, mas a maioria por vingança, inveja ou cobiça de ocupar os cargos dos denunciados.

Ofereciam-se os conselhos mais sórdidos, como se fossem uma necessidade de "segurança nacional" – síndicos, porteiros, chefes e chefetes de repartições públicas ou empresas particulares destacavam-se por segui-los "patrioticamente". Outros exemplos da sordidez dos "procedimentos de segurança" do *Decálogo*:

> Há muitas linhas telefônicas cruzadas. Sempre que encontrar uma delas mantenha-se na escuta e informe logo a Polícia ou o quartel mais próximo. (...) Quando um novo morador se mudar para o seu edifício ou para o seu quarteirão, avise logo a Polícia ou o quartel mais próximo.

Era o terrorismo oficial, a pretexto de combater a subversão. "Legalizavam-se" ostensivamente até bandos armados que não constavam sequer nos organogramas governamentais – a Operação Bandeirante (Oban), por exemplo, embora fora da lei, "empregou" várias autoridades do governo e pôde receber dinheiro "legal" dos empresários. O órgão, criado em 1969, foi chefiado pelo general Canavarro Pereira, comandante do II Exército, que dividiu sua administração com o secretário da Segurança de São Paulo, o jurista Hely Lopes Meirelles. Também atuaram na Oban oficiais do Exército e da Secretaria de Segurança, comandados pelo major Waldir Coelho, do Exército.

Suas instalações, cedidas pelo 36º Distrito Policial, ficavam na Rua Tutoia – que se tornou o endereço-símbolo da tortura no Brasil. As verbas da Oban vinham da Ford, General Motors e Ultragás, entre outras. Mais de um ano após a sua criação, a Oban legalizou-se de fato, transformando-se no Destacamento de Operações e Informações e Centro de Operações de Defesa Interna (DOI-Codi).

Os homens que compuseram esse aparato repressivo aproveitaram-se da impunidade para torturar, matar e roubar. Vários presos políticos tiveram suas casas saqueadas e seus carros roubados e incorporados à frota do Dops. Desses homens, só houve um punido: o coronel Carlos Alberto Bravo, condenado, em 1973, a três meses de prisão por roubar o carro de uma prisioneira política.

Repressão: borra da Guerra Fria

A cegueira repressiva não surge apenas da prepotência autoritária. Essa é a sua forma de expressão; as raízes tocam mais fundo. A origem dessa política pode estar no encontro entre oficiais da Força Expedicionária Brasileira (FEB) e dos Estados Unidos, na Itália, durante a 2ª Guerra Mundial. Ali, os brasileiros extasiaram-se diante da eficiência do Exército norte-americano, que os supriu e os orientou. Depois da guerra, os oficiais mais promissores receberam convites para frequentar escolas especiais nos Estados Unidos, onde assimilaram "ideias modernas", mais condizentes com a realidade da Guerra Fria. O próprio general Golbery confirma essa análise: "A FEB não foi importante só pela ida à Itália. Possivelmente ainda mais importante tenha sido a visita da FEB aos Estados Unidos. (...) Eu fui, foi um grande impacto".

Os oficiais que fizeram cursos nos Estados Unidos voltaram ao Brasil e fundaram a Escola Superior de Guerra (ESG), copiada do National War College. Aprenderam fundamentalmente que a defesa nacional não se limita aos preparativos para conter o inimigo externo. O verdadeiro inimigo esconde-se dentro da nação: são os que pretendem "solapar as instituições" e substituir a "civilização cristã e ocidental" por "doutrinas exóticas". O perigo é o inimigo interno. Evidentemente, essa linha de pensamento favoreceu a política norte-americana: ela ganhou um aliado na Guerra Fria que identificava como "inimigo interno" todos aqueles que pretendiam mudar o sistema e, por extensão, acabar com a espoliação sofrida pelo Brasil.

Daí à Doutrina de Segurança Nacional faltava um passo. O desenrolar dos acontecimentos políticos resultou no que estamos vendo até aqui. Quando os militares chegaram ao poder, não só refletiam uma dinâmica reacionária contra as reformas como possuíam uma ideologia coesa, que se manifestou na Doutrina de Segurança Nacional.

E o outro lado, como enfrentou esse terrorismo de Estado?

10. As divergências das esquerdas

Divididas ideologicamente e desunidas na prática política, as esquerdas brasileiras não conseguiram formar uma frente única contra a ditadura. Do Partido Comunista Brasileiro (PCB) saíram vários grupos que fundaram pequenos partidos, com escassos recursos e poucos militantes. Foram principalmente esses grupos que partiram para a guerrilha.

Equívocos, erros e culpas

O Partido Comunista Brasileiro (PCB) reunia um grupo de teóricos e militantes, de maior ou menor expressão intelectual e política, que magnanimamente "desculpava" a esquerda que pegou em armas. "Patriotas equivocados", dizia o líder do PCB, Luís Carlos Prestes, antes de romper com o partido, e muitos outros.

No entanto, uma observação mais atenta permite deduzir que os guerrilheiros ou terroristas não foram os responsáveis pelos grandes equívocos. Pelo contrário, eles acabaram como vítimas de equívocos de origem antiga.

Ao longo da sua história, o PCB cometeu o que se poderia chamar de "erros práticos". Exemplos: a "intentona" comunista (tentativa de tomada do poder pelos comunistas) em 1935; as declarações de Prestes em 1946, que serviram de pretexto para pôr o PCB na ilegalidade; a condenação à morte de uma militante ingênua; ou a famosa frase de Prestes, em 1964, "não estamos no governo, mas já estamos no poder". Porém, não pretendemos deter-nos nesses eventos, mas ressaltar que as análises teóricas do PCB sobre a realidade nacional quase sempre se mostraram falhas.

Uma dessas falhas foi a "criação" de uma burguesia nacionalista, com a qual os comunistas poderiam se aliar contra o imperialismo. O historiador Caio Prado Jr. desmontou essa tese, em 1966, demonstrando ainda que, inversamente ao que o PCB afirmava, nunca houve um "feudalismo brasileiro".

Não se trata de fazer a "crítica" da esquerda brasileira, e sim de evidenciar que, equívoco por equívoco, as "culpas" são gerais. No entanto, antes de abordar a luta armada, é preciso dar uma rápida pincelada na política das esquerdas – uma política que se perdeu em otimismos e voluntariedade, enveredou pelo sonho que se tornou pesadelo, voltou à realidade em alguns momentos e amargou o pessimismo e a derrota em vários outros.

Em 1967, em artigo na *Revista da Civilização Brasileira – 14*, Caio Prado Jr. analisou gravemente o Brasil:

> Não somos apenas "subdesenvolvidos". Não é só quantitativamente que nos distinguimos de países e povos que marcham na vanguarda do mundo de nossos dias. A diferença é também, e sobretudo, "qualitativa". E tanto isso é verdade que, relativamente e em termos comparativos, não estamos avançando, mas antes recuando, e recuando, a meu ver, precipitadamente. Há cinquenta anos ainda poderíamos figurar sob muitos aspectos, muito modestamente embora, no concerto das nações civilizadas, isto é, vivendo no nível da cultura material e moral então alcançados.

Para o autor, em 1967 não se poderia afirmar o mesmo. O Brasil já havia perdido o passo da história. Ao contrário do que possa sugerir esse resumo – e aí o perigo dos resumos –, o escritor marxista não tinha uma visão negativa da *revolução brasileira*: simplesmente apontava os atrasos cultural e material do Brasil, que precisariam ser superados para chegarmos a um futuro melhor.

Na mesma revista, o crítico de literatura Otto Maria Carpeaux pedia que se encarasse a realidade sem ilusões:

> O Brasil, país imenso, país virtualmente tão rico e virtualmente tão poderoso, não é dono dos seus destinos. Estamos, aqui, relegados como para um último cantinho do mundo. Como paralisados, olhamos para o mundo lá fora, para longe, onde outros povos, outras nações lutam para conquistar ou preservar sua liberdade.

Isso também não é, como pode parecer, uma lamúria pessimista. Apenas "sintoniza" o Brasil real, de 1967.

E por que lembrar os dois autores?

Porque retratam uma época; os dois grandes pensadores – tão semelhantes e tão opostos – realizaram uma espécie de autocrítica que ainda continua atual. Carpeaux termina seu artigo afirmando que os militares se colocaram "acima da lei": "Mas 'acima da lei' também significa: 'fora da lei'. E provoca fatalmente a reação fora da lei dos governados".

Guardadas as proporções, ainda sofremos o mesmo mal. O retrato que Caio Prado Jr. fez do Brasil não se afasta da realidade atual. Assim como a conclusão de Carpeaux não foi mera "profecia" sobre o aparecimento dos grupos armados e dos "rachas" no "Partidão"...

Uma questão aberta

Para se entender as razões da luta armada, que hoje parece a muita gente um equívoco absurdo e suicida, é preciso recuar no tempo e informar-se sobre a realidade daquele momento. Não foram apenas a brutal repressão e a intolerância dos militares que provocaram o confronto. Os erros teóricos acumulados pelo PCB também empurraram muitos grupos à clandestinidade política. As deficiências de interpretação da realidade e a perda de controle sobre os militantes fortaleceram os argumentos pela luta armada.

Guerrilheiros e "terroristas" não eram românticos ou, como se dizia na época, porras-loucas: espelhavam a fragilidade analítica e organizativa das esquerdas. Muitos eram revolucionários autênticos agindo em uma emergência política, mas sem o apoio estrutural teórico para analisar a situação brasileira.

Já que se falou tanto de equívocos, convém lembrar que essa questão permanece aberta: o que se afirma aqui também pode ser uma análise equivocada – seria ótimo se o leitor encontrasse as falhas do autor e democraticamente apresentasse uma interpretação mais apurada.

O PCB perde-se no reboquismo[14]

Até 1964, o PCB era a esquerda. O partido negava autenticidade a toda luta revolucionária fora da sua orientação. Enquanto se aliava com a burguesia mais reacionária – chegou a apoiar Ademar de Barros e Juscelino Kubitschek –, o PCB caluniava outras correntes de esquerda. Entendem-se melhor as campanhas difamatórias do "Partidão" quando

[14] "Tática" de ir a reboque, seguindo uma corrente ou força política dominante, enquanto se reúnem forças para retomar os princípios originais. Mais grosseiramente, pode-se dizer que é uma espécie de "os fins justificam os meios" ou, como se tornou comum na política contemporânea brasileira, "é dando que se recebe".

se lembra que, talvez, nenhum outro PC do mundo tenha sido tão stalinista[15] como o brasileiro. O entreguismo de JK foi considerado "progressista"; já as forças que pretendiam lutar fora do PCB, mesmo com reconhecido passado marxista, eram denunciadas como "trotskistas"[16] (o que soava como um palavrão), "provocadoras", "agentes do imperialismo", "agentes da CIA" etc.

O descarado reboquismo do PCB, a partir do governo JK, reduziu-o de partido potencialmente revolucionário a um departamento burocrático, que apelava ao jargão comunista mais rasteiro para justificar sua proximidade ao poder.

Além de errar, seus erros despertavam o ódio dos trabalhadores. Na crise que derrubou Getúlio Vargas, em agosto de 1954, o PCB desencadeou uma das mais agressivas campanhas contra o presidente. E manteve essa postura mesmo depois que se tornou nítida a linha nacionalista de Getúlio, em luta aberta contra o imperialismo norte-americano e seus representantes brasileiros. Em janeiro de 1954, quando as forças golpistas endureceram a campanha, o partido aliou-se aos ataques, tachando o governo de Getúlio como de "traição nacional".

O PCB entendia que derrubar Getúlio Vargas era "revolucionário". Já em agosto do mesmo ano, quando a UDN sitiou o governo, evidenciando a agressão a um presidente que se opunha à desnacionalização do país, o PCB ainda atacava Getúlio. Pouco antes da morte de Getúlio, Luís Carlos Prestes passou a defender o governo. Mas a nova posição

---

[15] Pode-se analisar o stalinismo como o período histórico em que Josef Stalin consolidou o poder na União Soviética, com a supremacia absoluta do Partido Comunista, ou como o conjunto de ideias de Stalin. Mais usualmente, entende-se o stalinismo como uma rigorosa obediência aos ditames do (ex) Partido Comunista soviético. Aqui, o termo refere-se a essa aceitação, pelo então PCB, das diretrizes e dos métodos de Moscou.

[16] Paradoxalmente, o trotskismo não equivale à expressão do pensamento de Leon Trotski, líder comunista criador do Exército Vermelho. Na época (e ainda hoje os remanescentes), dividiam-se em vários blocos divergentes, e o termo era usado, de modo pejorativo, para designar um grupo, originalmente liderado por Trotski, que teria "traído" a Revolução Russa. Trotski, porém, sempre repudiou qualquer "teoria trotskista". Na verdade, ele deu uma das mais importantes contribuições para a evolução do pensamento marxista: o conceito de Revolução Permanente.

não chegou a impressionar os trabalhadores: Getúlio suicidou-se alguns dias depois e a maioria da população nem soube que o PCB mudara. Em Belo Horizonte e Porto Alegre, o povo empastelou os jornais comunistas.

A prepotência do PCB pretendia encobrir a sua inércia revolucionária. Após o golpe de 1964, essa passividade tornou-se muito evidente. As discussões internas que aconteciam havia algum tempo explodiram nos "rachas". Surgiram as dissidências. A mais importante foi a do Partido Comunista do Brasil (PC do B), com uma proposta clara de luta armada. Outros grupos escolheram permanecer dentro do PCB, aceitando a tática da "resistência política".

O PC do B perde-se no revolucionarismo

O PC do B praticamente coexistia dentro do PCB desde 1962. Seu *Manifesto-Programa* de 1967 deixava claro que o inimigo era o imperialismo norte-americano. Para vencê-lo, seria preciso um governo socialista, que se implantaria pela revolução armada. Internacionalmente, o PC do B alinhou-se com a China.

O PC do B (ainda dentro do PCB) repetiu com João Goulart os mesmos enganos do PCB contra Getúlio. Em 1964, o PCB apoiava o governo João Goulart, na sua tradicional política de seguir a reboque. Já a dissidência interna do PC do B, com um discurso revolucionário para as massas, pregava a derrubada do "governo burguês" do "latifundiário" João Goulart. Como o PCB em 1954, só pouco antes do fim do governo Jango o PC do B percebeu que estava trabalhando a favor do inimigo.

Na prática, isso não teve muita importância: os dois PCs pouco valiam. Eles não tinham votos nem "massa", mostravam-se incapazes de alterar o ânimo popular. O PCB pesava um pouco mais, porque se havia infiltrado burocraticamente em vários órgãos do governo. Mas o que importa é demonstrar *como* as esquerdas chegaram ao golpe de 1964: uma a reboque e outra contra um governo acusado de "populista", porque se sentia revolucionária. Essas características determinaram os caminhos escolhidos pelas esquerdas para resistir à ditadura.

Das dissidências ao terrorismo

Vários episódios influenciaram a adoção das diferentes modalidades de resistência, como, por exemplo, a apreensão das cadernetas de Luís Carlos Prestes, nas quais ele anotava, cuidadosamente, as suas atividades, e o conhecimento público dos dissidentes.

O aparecimento do embrião do PC do B, em 1962, constituiu um grande golpe na precária unidade das esquerdas. No entanto, o efeito mais dramático sentiu-se em 1967, no 6º Congresso do PC. Nesse encontro, os vários grupos alinhados na Dissidência Interna resolveram abandonar o PCB e seguir os seus próprios caminhos. Os mais importantes foram o Partido Comunista Brasileiro Revolucionário (PCBR), o Movimento Revolucionário 8 de Outubro (MR-8), a Vanguarda Popular Revolucionária (VPR), a Vanguarda Armada Revolucionária (VAR-Palmares) e a Ação Libertadora Nacional (ALN). Também surgiram grupos fora do "marxismo oficial", como a Política Operária (Polop) – inspirada pelo trotskismo e fortalecida com as denúncias dos crimes de Stalin – e a Ação Popular (AP), a mais atuante e de tendência maoista, integrada por jovens católicos.

Segundo Prestes, então secretário do PCB, o partido não rompeu com ninguém: eram pessoas com "posições esquerdistas" que pretendiam dirigir o PCB com novas ideias e tiveram de deixá-lo. Em 1967, essas dissidências levaram Prestes a pedir a expulsão de Carlos Marighela, membro do Partido Comunista, que fundaria e chefiaria a ALN, uma das correntes mais importantes na luta armada.

Marighela fez críticas contundentes ao PCB, denunciando o seu despreparo para interpretar teoricamente a sociedade brasileira e negando a crença de que uma "burguesia progressista" poderia se aliar às esquerdas na luta contra o imperialismo. Ele concluiu que "não há outro caminho para o nosso povo senão a luta de massas contra seu principal inimigo interno, isto é, a ditadura". E passou a pensar na luta de guerrilhas, que, "típica dos campos", pode expandir-se. Porém, não aceitou a "teoria do foco": "Ninguém espera que a guerrilha seja o sinal para o levante popular ou para a súbita proliferação de focos insurrecionais". Assim, renegando o foquismo defendido por Che Guevara, Marighela aderiu claramente ao terrorismo de esquerda. Em um dos seus textos, depois de advertir que o terrorismo "não nos leva diretamente ao poder", argumentou que:

> Todo ato terrorista revolucionário é uma operação tática tendo por objetivo a desmoralização das autoridades, o cerco das forças repressivas, a interrupção de suas comunicações, o dano às propriedades do Estado, dos grandes capitalistas e latifundiários.

Ressaltava, no entanto, que "os atos terroristas revolucionários e a sabotagem não visam inquietar, amedrontar ou matar gente do povo".

Depois de anos de passividade revolucionária do PCB, as dissidências, como a ALN de Marighela, assumiram a luta armada contra a ditadura, aplicando o terrorismo revolucionário em resposta ao terrorismo de Estado, principalmente após 1968.

Ao contrário dos "marxistas-leninistas" – a denominação é precária, servindo mais para diferenciar que para identificar –, os trotskistas rejeitaram os métodos terroristas: pretendiam chegar ao poder pela luta revolucionária clássica, apoiada nas massas (que, aliás, não tinham). Enfim, foram várias as dissidências do PCB (mais a AP e os grupos trotskistas) que optaram pelo confronto armado.

Das Ligas Camponesas à CIA

A origem das Ligas Camponesas ilustra bem a precariedade social da população nordestina e as dificuldades de arregimentação política. Na ocasião, a principal reivindicação não se referia à conquista da terra ou de melhores condições de vida, mas à necessidade de sepultar os defuntos. Os mortos eram enterrados envolvidos em lençóis ou em papel, situação que os camponeses consideravam extremamente humilhante. Então fundaram as Sociedades Mortuárias, que, mediante uma pequena mensalidade, forneciam às famílias dos mortos um caixão de madeira para sepultá-los.

Dessas organizações nasceram as Ligas Camponesas e surgiu a figura de Francisco Julião, que liderou algumas revoltas contra os latifundiários no Nordeste. Em 1962, o exótico e carismático Julião não tinha medo de condenar a democracia:

> Eu te afirmo, irmão, amigo, camarada, que farei de bom grado – e muitos milhões de brasileiros comigo – uma prece ao Senhor para o repouso eterno desta democracia que engorda os tubarões e esfomeia o povo, isenta de imposto os latifundiários e nega a terra aos camponeses; permite uma companhia ter lucros de 9.000%, mas aponta metralhadora no peito do trabalhador que faz greve para melhorar seu salário; uma democracia que permite aos investimentos estrangeiros monopolizar os recursos do país e autoriza a exportação de lucros, uma democracia que fabrica marechais e generais de cinco estrelas, mas não garante estabilidade ao sargento, denegando o direito de voto ao soldado e ao marinheiro.

Como se vê, havia de tudo no "arco-íris" da esquerda.

E havia também a CIA, fundando cooperativas agrícolas para desviar o camponês das lutas revolucionárias. Em 1961, foi criado o Serviço de Orientação Rural de Pernambuco (Sorpe) por um grupo de padres apadrinhados pelo arcebispo do Recife. A missão específica do Sorpe era forjar líderes imunes à política das esquerdas. A CIA logo dominou a entidade, dedicando-lhe verbas para a formação de cooperativas. Estas, por sua vez, infiltraram-se nos sindicatos, cooptando as suas lideranças. Segundo um agente da CIA declarou ao professor de direito Joseph Page, a CIA, por intermédio do Sorpe, pagava salários a sindicalistas profissionais para que eles convencessem os camponeses de que a miséria em que viviam podia ser superada sem rebelião, "a fim de não os compelir ao extremo de se revoltarem contra as autoridades e os interesses estabelecidos que os mantiveram numa situação miserável até hoje".

O professor norte-americano concluiu o seu estudo afirmando que "a estratégia da CIA (...) era uma ação bem pensada e bem executada para neutralizar o potencial revolucionário do movimento sindical em Pernambuco".

Qual a hora da luta armada?

Esse contexto levou a esquerda à luta armada. Mas que situação anterior produziu a esquerda pré-64? De que maneira, no decorrer do governo João Goulart, a atuação das esquerdas poderia alterar a sociedade brasileira?

Em dois parágrafos do seu livro *Combate nas trevas*, o historiador Jacob Gorender criticou o mito acadêmico que explica o período e interpretou com propriedade a realidade da época:

> Tornou-se corrente na literatura acadêmica a assertiva de que, no pré-64, inexistiu verdadeira ameaça à classe dominante brasileira e ao imperialismo. Os golpistas teriam usado a ameaça apenas aparente como pretexto a fim de implantar um governo forte e modernizador.

> A meu ver, trata-se de conclusão positivista superficial derivada da visão estática das coisas. Segundo penso, o período 1960-1964 marca o ponto mais alto das lutas dos trabalhadores brasileiros neste século, até agora. *O auge da luta de classes, em que se pôs em xeque a estabilidade institucional da ordem burguesa sob os aspectos do direito de propriedade e da força coercitiva do Estado.* (O grifo é nosso.)

Ele concluiu que "A esquerda brasileira de inspiração marxista só não pegou em armas quando as condições históricas determinavam que o fizesse". Ou seja, a esquerda lutou quando as condições históricas eram desfavoráveis e, consequentemente, perdeu.

Uma série de erros abreviará ou tornará mais trágica a derrota. Os erros ou acertos serão usados como pretextos para a direita e a esquerda justificarem ou condenarem as suas ações.

Nada mais restava à esquerda que dois comportamentos: esperar ou lutar. Quem esperou, desapareceu na história ou tornou-se uma nebulosa indefinida. Quem lutou, fez história.

Certo ou errado, é outro problema. Foi uma luta que já se sabia perdida. Mais uma vez, analisaremos a história de uma derrota.

11. A luta armada

Isolados do povo, sem acesso aos meios de comunicação, os vários grupos guerrilheiros foram dizimados pelo Exército e pelas forças policiais. Os guerrilheiros eram apresentados pelos jornais como "bandidos", "terroristas" e agentes do "comunismo internacional". Muitos deles foram "desaparecidos" ou torturados até a morte.

Qual guerrilha?

"A guerrilha é uma arma do povo", disse Fidel Castro em outubro de 1967. Portanto, fazê-la sem o apoio da população "é caminhar em direção a um inevitável desastre". A guerrilha isolada afasta o povo da revolução. Esse distanciamento e a solidão ideológica levam às posições extremistas, anulando o potencial revolucionário.

Existem muitas interpretações de guerrilha. Pode-se explicar, condenar ou louvar as várias guerrilhas acontecidas no Brasil. Tantos anos depois, fica mais fácil criticar opções tomadas no calor da batalha, quando os "homens" estavam com armas apontadas nos corações e nas mentes.

A guerrilha brasileira foi "desautorizada" pelo PCB desde a viagem de Carlos Marighela a Cuba, para a 1ª Conferência da Olas, a Organização Latino-Americana de Solidariedade, em agosto de 1967.

O PCB enviou uma carta ao PC cubano, informando que Marighela não o representava e podia ser expulso do partido por ir a Cuba sem sua autorização. A resposta de Marighela revela como certa militância combativa julgava a cúpula do PCB:

> Uma direção pesada como é, com pouca ou nenhuma mobilidade, corroída pela ideologia burguesa, nada pode fazer pela revolução. Eu não posso continuar pertencendo a esta espécie de Academia de Letras, cuja única função consiste em se reunir. (...) Em minha condição de comunista, à qual jamais renunciarei, que não pode ser dada nem retirada pelo Comitê Central, pois o Partido Comunista e o marxismo-leninismo não têm donos e não são monopólios de ninguém, prosseguirei pelo caminho da luta armada, reafirmando minha atitude revolucionária e rompendo definitivamente com vocês.

De volta ao Brasil, Marighela fundou a ALN. O *Jornal do Brasil*, de 5 de setembro de 1968, publicou a síntese de um longo artigo no qual Marighela expunha a "estratégia global da guerrilha no Brasil". Não se tratava de uma visão sonhadora. Reconhecia que "os povos que lutam pela libertação jamais se preocupam com o tempo de duração de sua luta". Também não era muito realista, pois negava o foquismo, mas não sabia indicar outro caminho.

As ideias de Marighela, tão resumidas aqui, refletem a disposição das esquerdas armadas em geral: embora sem muita convicção teórica, havia uma certeza – era preciso lutar. Lutar para não se diluir na burocracia do PCB. Lutar para encontrar caminhos e, principalmente, como dizia o programa da ALN, derrubar a ditadura, acabar com o latifúndio, tomar o poder e formar um governo revolucionário.

A ALN se destacou na guerrilha urbana, mas não foi o único grupo a combater nas cidades ou a tentar estabelecer uma teoria sobre a luta armada. Quase dois anos antes, em 1966, a AP realizara um congresso clandestino no Uruguai, aceitando a luta armada baseada na teoria do foco.

Grupos como a VPR, liderada pelo ex-capitão Carlos Lamarca, começaram a agir. Lamarca, aliás, tinha sido treinado na luta antiguerrilha pelos norte-americanos, no Panamá. Ele lutou nas cidades e nos campos. No Vale do Ribeira, em São Paulo, rompeu um cerco de 10 mil soldados, fugindo espetacularmente depois de tomar um caminhão das forças de repressão. Já o MR-8 fez a sua estreia em 1969, sequestrando o embaixador dos Estados Unidos.

69 *versus* 10 mil

Participaram da luta armada 5 mil ou 6 mil homens, um contingente insignificante em relação à população brasileira, estimada em 100 milhões de habitantes, em 1970. Não foi uma "guerra civil", como pretendiam certo otimismo das esquerdas e o pânico do governo militar.

O terrorismo marcou a atuação dos dois lados. O terrorismo do Estado apareceu como uma "defesa natural": uma vez que a censura à imprensa garantia o silêncio sobre a brutalidade "oficial", divulgou-se a ideia de que se combatiam os fanáticos que "traíram" o Brasil. Já o terrorismo da esquerda foi mostrado com estardalhaço, sendo as suas vítimas exibidas como mártires inocentes que os comunistas imolavam, deixando órfãos e viúvas.

As esquerdas desgastaram-se muito nesse processo. Talvez por isso – ou por uma decisão tática decorrente de sua melhor organização fora das cidades – o PC do B tenha privilegiado a guerrilha no campo, sem abandonar a urbana. Surgiu, então, a principal guerrilha brasileira. Militantes do PC do B, alguns treinados na China, basearam-se no sul do Pará, dando origem à Guerrilha do Araguaia, às margens desse rio.

Eles começaram a atuar na região a partir de 1967 e, em 1970, compunham um grupo de 69 guerrilheiros.

Enquanto a guerrilha na selva se fortalecia, a urbana entrava em declínio. Em 1972, o PC do B tinha três "destacamentos" no Araguaia, cobrindo uma área de aproximadamente 7 mil quilômetros quadrados. Diante de tal êxito, o Exército preparou uma grande operação de "desmonte".

Para combater a Guerrilha do Araguaia, o Exército fez três campanhas, entre abril de 1972 e janeiro de 1973, empregando cerca de 10 mil homens. O número de soldados, o pesado armamento envolvido e a duração do conflito levaram muitos a pensar que se travava uma guerra civil no Pará. Na verdade, havia o confronto entre pouco mais de sessenta guerrilheiros competentes contra uma força repressiva inepta.

A tortura na selva

Os guerrilheiros introduziram-se no sul do Pará como posseiros. Osvaldo Orlando Costa, o Osvaldão, "apossou-se" de um pedaço de terra em Gameleira, passando a dedicar-se à criação de galinhas e ao plantio. Estudadamente bem-comportado, não bebia, respeitava as mulheres e prestava serviços aos moradores. Essa conduta despertou a simpatia da população local, que se habituou a ver um amigo em cada guerrilheiro.

Para cativar o povo, os guerrilheiros marxistas costumavam frequentar forrós e candomblés. Alguns se estabeleceram com precárias farmácias e ofereceram os seus "serviços médicos", inestimáveis na região, a quem precisasse. Também participaram das lutas contra os capangas dos latifundiários, afugentando os grileiros contratados para expulsar os posseiros.

Já as forças de repressão, facilmente identificáveis, chegaram torturando. Em Xambioá (GO), a partir de abril de 1972, soldados da Aeronáutica prenderam e torturaram posseiros – queriam "dicas" sobre os "terroristas". Na busca de informações e na "limpeza da área", invadiram casas e incendiaram roças e vendas. Houve casos de moradores espancados, amarrados e exibidos nas poucas aldeias, como exemplo aos que se negassem a cooperar.

Nem os padres escaparam da brutalidade. Existem vários depoimentos sobre a ação militar na região. Cometiam-se atrocidades incompreensíveis para os posseiros, como, por exemplo, o espancamento do "cadáver" do guerrilheiro Bergson Gurjão Farias, uma vingança por não conseguirem prender Osvaldão. As tropas federais não pouparam sequer os índios. Os suruís tiveram sua aldeia "desmontada" e cortada por uma estrada para tráfego dos veículos militares; muitos deles foram forçados a servir de "guias" na selva.

O povo da floresta solidarizou-se com os guerrilheiros. Mas não se tratava de uma solidariedade revolucionária nem evitou o aniquilamento da guerrilha. O Exército, a Aeronáutica e as polícias federal e estaduais, ajudados pelos capangas das multinacionais e dos latifundiários, "aprenderam" a lutar. Usando metodicamente a violência, fizeram prevalecer sua vantagem material. A proporção era de 145 soldados para cada guerrilheiro.

A repressão também recorreu ao apoio "internacional". O então guerrilheiro José Genoíno Neto, anos mais tarde eleito deputado pelo Partido dos Trabalhadores (PT), conta que foi preso e levado à cadeia de Xambioá. Para interrogá-lo, vieram oficiais do Exército, conduzidos por um helicóptero da United States Steel – como se recorda, a área, rica em minérios, já se encontrava loteada entre as multinacionais.

Vencida e desqualificada

A guerrilha foi vencida.

Em uma ditadura militar, orientada pela Doutrina de Segurança Nacional, levantar-se em armas contra o regime constitui um crime gravíssimo. Esperava-se que os guerrilheiros sobreviventes recebessem as mais duras penalizações. Mas isso não aconteceu.

Eles foram condenados a penas de cinco a sete anos de cadeia. *Nenhum* guerrilheiro respondeu pelos crimes que a Lei de Segurança Nacional punia severamente. A maioria das acusações limitou-se à "prática ilegal de militância política" ou "reorganização de partidos ilegais".

Por quê?

Porque o julgamento desses homens traria a público a Guerrilha do Araguaia. Ao governo Médici não interessava "despertar" a curiosidade interna e, principalmente, do Exterior sobre o combate. Para o governo, dentro do seu triunfalismo, a Guerrilha do Araguaia não aconteceu "oficialmente". Os sobreviventes foram "desqualificados" com penas leves; os mortos, ignorados: legalmente nunca existiram – seus corpos despedaçados perderam-se na selva. Embora utilizando 10 mil homens e os recursos logísticos dos latifundiários e das multinacionais, que incluíam até helicópteros, ainda hoje o Exército silencia sobre o assunto.

A ausência de documentos oficiais – os conhecidos baseiam-se em depoimentos dos guerrilheiros – favorece a "neutralidade" de uma historiografia acostumada ao servilismo a tudo o que é oficial. Daí a facilidade em elaborar a "crítica" aos erros da luta armada.

A natureza da violência

A violência aparentemente gratuita serve de pretexto para condenar a luta armada. Como aceitar, por exemplo, o atentado contra o então general Costa e Silva no Recife, em 1966? O general não compareceu ao local onde seria "justiçado" e a bomba matou um almirante e um jornalista, ferindo mais catorze pessoas. Outra brutalidade: o caso do major alemão Maximilian von Westernhagen, morto no Rio de Janeiro por engano, em lugar do capitão boliviano Gary Prado, um dos que aprisionaram Che Guevara na Bolívia.

Esses erros eram (e são) apresentados como provas da insanidade da esquerda. Foram condenados pelos jornais e pela televisão. As forças de repressão ditaram o julgamento da esquerda, e a sociedade aceitou as acusações. Mais de quarenta anos depois, a brutalidade daqueles atos continua prevalecendo sobre uma análise mais objetiva de suas causas. Evidentemente, não se pretende justificar a violência, mas considerá-la dentro do contexto da pressão emocional em que ela ocorreu.

A esquerda não cometeu só erros. E talvez todos os seus erros derivem de um único equívoco: não lutou na hora certa, como afirma o historiador Jacob Gorender. Os erros têm origem antiga. Por isso, o "julgar, rotular e condenar" consiste em um processo muito precário quando se ignora a complexidade da ação política forçada (ou forjada) pela violência institucional. O terrorismo de esquerda foi consequência da sua clandestinidade, uma resposta ao beco sem saída em que a ditadura colocou toda a oposição verdadeira. A brutalidade dos militares foi um método de manutenção do poder.

Não se trata de dizer que há uma violência "boa" e outra "má", mas de situar as diferentes motivações e origens. Se uma nasceu quase do desespero, configurando uma espécie de reação instintiva à marginalidade imposta, a outra (a oficial) definia-se como intrínseca ao sistema. Um sistema baseado no autoritarismo e que, em certos casos, estimulava ações desesperadas para melhor exercer o seu poder de retaliação.

A violência da esquerda era consequência das dificuldades da luta armada. Por exemplo, ao se matar um guarda bancário em um dos inúmeros assaltos praticados no período: a morte de inocentes era um risco assumido, mas não desejado. As forças do Estado, porém, torturavam e matavam como norma. Exemplos claros foram a Oban e, mais tarde, o Esquadrão da Morte, criado e liderado pelo delegado Sérgio Paranhos Fleury.

O Esquadrão da Morte, organização à margem da lei e de brutalidade conhecida, recebeu a proteção de oficiais, políticos e até de juízes sintonizados com a ditadura. Entre 1967 e 1974, "executou" centenas de "inimigos do Estado". Seu objetivo era o extermínio da "escória" – subversivos e criminosos comuns –, dentro de um programa de "limpeza social" de inspiração claramente fascista.

O Estado usou todos os artifícios disponíveis para mascarar sua brutalidade como um combate civilizado contra os inimigos da pátria. O cerco a Carlos Marighela, em 1969, por exemplo, envolveu uma série de torturas e invasões de residências, culminando com o fuzilamento do líder comunista em uma rua de São Paulo. A televisão, controlada pela ditadura, noticiou a morte de Marighela como um ato de defesa dos representantes da lei, que teriam sido atacados pelo guerrilheiro. E, de sobra, "plantou" informações para que se concluísse que Marighela fora traído pelos frades dominicanos. Os religiosos teriam "entregado" Marighela espontaneamente, sugeria a torpe prática difamatória comum na época.

Somente dez anos depois, algumas reportagens, furando a censura em agonia, começaram a desmentir as versões da ditadura. Dois livros contam detalhadamente o cerco e o assassinato de Carlos Marighela: *Batismo de sangue*, de frei Beto, e *Combate nas trevas*, de Jacob Gorender. Neles, o leitor encontrará farto material sobre a natureza da violência e o cinismo do Estado repressor.

A esquerda não queria violência

Sem pretender mitificar ou desculpar o caráter violento das esquerdas, percebe-se facilmente (concordando ou não com a ótica marxista) que os guerrilheiros recorreram a uma *violência revolucionária*. E essa violência revolucionária nunca correspondeu a uma prática programada ou desejada – ao contrário, era uma contingência indesejável e desgastante para seus objetivos.

A guerra suja ficou do lado oficial. Antes da derrubada de João Goulart, a direita já havia optado pelo célebre "os fins justificam os meios". Conspiração, corrupção, delação – valeu tudo. Os agentes provocadores foram usados com grande eficiência, destacando-se o cabo Anselmo, que liderou o motim dos marinheiros em 1964, colaborando para a desestabilização do governo. O cabo Anselmo, hoje não restam dúvidas, passou pelo treinamento da CIA e até 1973 atuava no Esquadrão da Morte do delegado Fleury. Posteriormente, infiltrou-se entre os refugiados brasileiros no Chile, colaborou com a CIA na queda de Salvador Allende e desapareceu misteriosamente. Luís Carlos Prestes denunciou o cabo Anselmo como responsável pela morte de sessenta comunistas.

Os revolucionários de origem marxista não queriam um processo violento. Reagiram com violência quando foram atacados – era a única saída. No geral, os comunistas não reivindicavam a violência como meio de obter a vitória. Paradoxalmente, a justificativa ou o apelo à violência surgiram em setores católicos. O padre Lages, após ser torturado por sua luta revolucionária contra a ditadura, afirmou em entrevista ao jornal *France Observateur*:

> Faz muito tempo que nas escolas católicas ensina-se que o povo tem o direito de matar o tirano. E o grande tirano de nossos dias é o imperialismo, são os grupos econômicos norte-americanos e aqueles que fazem o jogo desses grupos. (...) Respeitamos Marx, porém consideramos que ele não é infalível e não podia haver previsto nossa situação. É impossível acabar com o imperialismo e com os grupos econômicos que fazem seu jogo sem recorrer à violência. A não violência é uma ideia muito poética.

Mesmo assim, o padre Lages justifica a sua violência:

> À violência estabelecida temos de responder com a violência das massas, com uma revolução socialista, totalmente brasileira, humana, se bem que violenta. Porque a violência já está presente. Está em todas as partes, ao nosso redor; na fome, na prostituição de meninas, na morte dos recém-nascidos, nestes crimes praticados pelo imperialismo.

Como se vê, há violência e violência. Mas o que os militares fizeram foi algo que transcendeu a natureza da própria violência – a violência do regime militar corrompeu e ultrajou a dignidade humana.

12. A repressão

A REPRESSÃO FOI BRUTAL E INSANA; FOI TÃO DESMEDIDA QUE, MESMO SOB CENSURA DOS JORNAIS, PROVOCOU A INDIGNAÇÃO DA CLASSE MÉDIA. TRABALHADORES, JORNALISTAS, PADRES E ESTUDANTES FORAM ASSASSINADOS COM REQUINTES DE CRUELDADE. A PARTIR DO MOMENTO EM QUE A CLASSE MÉDIA TOMOU CONHECIMENTO DAS TORTURAS, COMEÇOU A DIMINUIR O APOIO DADO AO GOVERNO MILITAR E CRESCERAM AS MANIFESTAÇÕES CONTRA O REGIME.

Eis o homem

O líder comunista Gregório Bezerra tinha 63 anos ao ser preso pela polícia particular do usineiro Zé Lopes. O fato ocorreu nos primeiros dias de abril de 1964, no interior de Pernambuco. Transferido para Recife, Gregório foi espancado pelo coronel Villocq Viana e por seus soldados, no quartel do Exército. Recebeu socos, pontapés e pancadas com barras de ferro. Obrigaram-no a caminhar descalço sobre ácido jogado no chão. Com os pés em carne viva, amarrado pelo pescoço com três cordas, puxado por soldados, teve de desfilar pelas ruas da capital pernambucana.

O coronel Villocq Viana comandava a exibição, mostrando ao povo o "comunista traidor da pátria". O ex-chefe de polícia Wandenkolk Wanderley, tomando a corda de um soldado, gritava: "Este é o comunista que queria destruir o lar de vocês. Agita agora, traidor". E desabavam socos e pontapés sobre o prisioneiro.

O povo assustou-se; mulheres desmaiaram. O coronel Villocq Viana levou o cortejo até sua casa, para exibir o "traidor da pátria" à esposa. O homem ensanguentado, porém altivo, respondia às pancadas e insultos com uma pergunta: "É esta a civilização cristã e ocidental?". Seu comportamento impressionou a mulher, que caiu numa crise de choro. Irritado, o coronel aumentou o volume dos gritos e a força das pancadas.

A agressão a Gregório Bezerra foi o prenúncio do que aconteceria no Brasil: prepotência da polícia particular dos poderosos, tortura dentro dos quartéis e histerismo da "nova autoridade" exibido ostensivamente como patriotismo. Mas um prenúncio ainda tímido: tudo iria piorar.

A violência nasceu com o golpe

Os primeiros meses pós-golpe ficaram marcados pela detenção de aproximadamente 50 mil pessoas. Os militares realizaram uma "operação pente-fino": de rua em rua, de casa em casa, procuravam suspeitos, livros, documentos, qualquer coisa que ligasse os acusados ao governo anterior ou à "subversão". Não se prendiam "culpados", mas todos os que não podiam provar inocência. Poucos líderes sindicais e estudantis escaparam da repressão.

O interrogatório era acompanhado de espancamento, que endurecia conforme a "periculosidade" da vítima. Dessa forma, sofriam mais os inocentes e os completamente ignorantes da nova política – por não terem o que esconder, não mentiam, diziam que não sabiam de nada e, por isso, tornavam-se altamente suspeitos por sua "resistência".

Nas primeiras semanas depois do golpe, a imprensa (ainda sem censura plena) noticiava timidamente as violências. Mas a revista *Time* informou ao mundo a existência da *Operação Limpeza*, assegurando que se prendiam em média 10 mil pessoas por semana. A imprensa internacional divulgou a situação do Brasil e já em setembro de 1964 – seis meses após o golpe – as entidades internacionais de defesa dos direitos humanos começavam a denunciar o regime militar brasileiro.

Prendeu-se tanto que as cadeias foram insuficientes. O Maracanã virou presídio; navios da Marinha receberam centenas de "subversivos". Os quartéis em todo o Brasil lotaram de prisioneiros. A impunidade estimulou o uso da tortura. Cometeram-se tantos abusos que até a imprensa brasileira começou a denunciá-los. O governo Castelo Branco, geralmente apresentado como "democrático", prometia investigar, enquanto a violência se incorporava ao cotidiano nacional.

Planejou-se matar milhares

Em 1968, o AI-5 impôs à imprensa a mais brutal censura da história do Brasil. Absolutamente nada que "ofendesse" o governo podia ser noticiado. A partir daí, a violência tornou-se um método de dominação. Todos os jornais, incluindo os que apoiaram o golpe, foram censurados e alguns dos seus diretores, presos.

O "Exército de Caxias" chegou a um rebaixamento moral que os militares talvez pensassem jamais ser possível. Em abril de 1968, explodiu uma bomba tão forte no saguão de *O Estado de S. Paulo* que arrebentou os vidros dos edifícios localizados em um raio de 500 metros. As autoridades atribuíram o atentado às "forças de esquerda", usando o fato para justificar o aumento da repressão e da censura. Dez anos depois, descobriu-se que a explosão havia sido preparada e executada pelo Estado-Maior do II Exército.

Seguiram-se outros atentados planejados pelo II Exército para culpar a esquerda, entre eles um idealizado pelo general Jaime Portela, chefe da Casa Militar da Presidência da República. Em 20 de agosto de 1968, um grupo de soldados da Força Pública de São Paulo explodiu uma bomba em um estacionamento em frente ao Deops. A operação era tão secreta que o seu líder foi torturado por engano nas dependências do Departamento Estadual de Investigações Criminais (Deic): pressionado, Aladino Félix (também conhecido por "Sábado Dinotos") confessou ter agido sob as ordens do general Portela.

Os atentados de direita multiplicavam-se, alguns com o objetivo claro de intimidar políticos, artistas ou intelectuais, outros para incriminar as esquerdas. O Comando de Caça aos Comunistas (CCC) atacou livrarias, teatros, cinemas e escolas.

Um dos mais espetaculares atentados projetados pelo governo – ou por militares intimamente ligados ao poder – acabou frustrado pela recusa de um oficial em executá-lo. Em 1968, o brigadeiro João Paulo Penido Burnier, chefe de Gabinete do ministro da Aeronáutica, Márcio de Souza Mello, planejou explodir o gasômetro do Rio de Janeiro, com o auxílio do Para-SAR[17]. Milhares de pessoas morreriam, mas, segundo o brigadeiro Burnier, o atentado seria necessário para "salvar o Brasil do comunismo", instigando o ódio da população contra os "subversivos", que levariam a culpa pelas mortes.

O capitão-aviador Sérgio Miranda de Carvalho, encarregado de executar o plano, negou-se a cumprir a missão e ameaçou denunciá-la, caso Burnier pretendesse levá-la adiante com outros oficiais. O plano frustrou-se, mas o capitão Sérgio foi afastado da Aeronáutica, em 1969, acusado de "louco".

Só em 1978 a verdade veio à tona, graças ao depoimento do brigadeiro Eduardo Gomes, em defesa do capitão Sérgio. O brigadeiro

[17] O Para-SAR é uma divisão da Aeronáutica empregada para salvamentos em locais de difícil acesso, na selva ou no mar. Ironicamente, foi usado para fazer "desaparecer" inimigos do governo. Embora sem provas categóricas, várias entidades já denunciaram que o deputado Rubens Paiva e o líder comunista Mário Alves foram jogados em alto-mar por aviões do Para-SAR.

confirmou que se preparava "a explosão de gasômetros, a destruição de instalações de força e luz, [que seriam] posteriormente atribuídas aos comunistas". Em seguida ao pânico, viria a segunda etapa:

> [aconteceria] sumariamente, a eliminação física de personalidades político-militares, o que, no seu entendimento [do brigadeiro Burnier], possibilitaria uma renovação nas lideranças nacionais. A execução de tal plano aproveitar-se-ia do momento psicológico em que as passeatas e agitações estudantis perturbavam a ordem pública.

Dos expurgos às cobaias

O ano-chave da institucionalização da tortura foi 1969. Nesse ano, com a intensificação da guerrilha e dos assaltos a bancos por grupos de esquerda, deu-se início à organização metódica da repressão. Aperfeiçoou-se o uso psicológico da violência. Surgiram as "salas especiais", munidas de aparelhagem de tortura: cadeiras e camas eletrificadas, paus de arara etc. Paralelamente, aprimoraram-se os meios legais e os tribunais que encobriam a tortura. Médicos e legistas apresentavam os violentados como indivíduos gozando de plena saúde e os assassinados na tortura como vítimas de "morte natural". Os cadáveres que não podiam ser escondidos apareciam em terrenos baldios ou eram sepultados anonimamente ou, ainda, informava-se que aquelas pessoas haviam morrido atropeladas.

Para fazer tudo isso, não bastou a imposição do autoritarismo – o regime precisou, também, "limpar" as Forças Armadas dos elementos mais democráticos ou que simplesmente sentiam pudor de compactuar com as violências. Onze dias depois do golpe, o Exército já computava 122 oficiais expulsos, sob a acusação de serem "contrarrevolucionários" e centenas receberam advertência por sua conduta revolucionária "fraca". Os militares punidos eram considerados oficialmente "mortos": perdiam os seus direitos, e as suas esposas ganhavam pensão de "viúva". Até 1967, as Forças Armadas expurgaram 1228 oficiais, sendo 510 do Exército, 374 da Aeronáutica e 344 da Marinha.

Enquanto isso, o Inquérito Policial Militar (IPM) de cada estado recorria aos mais curiosos argumentos. Edson Germano de Brito, por exemplo, foi condenado porque o seu comunismo era um "mal de família". No IPM de Goiás, consta que ele era "notoriamente comunista (...) aliás, parece mal de família, pois isso ocorre com todos os Germano do estado de Goiás". Outro comunista "de família" foi Mauro Campos Neto, "que aprendeu os rudimentos do próprio partido com seu pai, Jaci Neto".

Para assessorar a repressão, importaram-se vários técnicos norte-americanos. Um desses especialistas, Dan Mitrione, ficou bastante conhecido. Ele sequestrava mendigos nas ruas de Belo Horizonte e os levava aos quartéis, para servirem de cobaia: torturava-os para ensinar a policiais e militares brasileiros os princípios da tortura "científica". Dan Mitrione, que no tempo da ditadura foi nome de rua em Belo Horizonte, acabou morto no Uruguai pelos tupamaros (extremistas de esquerda).

Mas nem só mendigos se transformaram em cobaias. Vários estudantes também "colaboraram" com o aprendizado dos torturadores. Maurício Vieira de Paiva, de 25 anos, foi torturado de acordo com sequências de fotografias, em aula para cem militares das Forças Armadas, "sendo instrutor um tenente Hayton", segundo o seu depoimento, em 1970. Isso aconteceu em todo o Brasil: jovens e velhos, homens e mulheres, ricos e pobres caíram vítimas do processo.

Assassinatos por suicídios

Há centenas de depoimentos sobre as torturas nos arquivos da Justiça Militar e de entidades de defesa dos direitos humanos. Eles descrevem os mais variados métodos: o pau de arara, a cadeira do dragão, a pimentinha, o afogamento, a geladeira, os choques elétricos e até o emprego de insetos e animais (no Rio de Janeiro, usava-se uma jiboia chamada Miriam). O livro *Brasil: nunca mais. Um relato para a história* traz uma extensa coleção de relatos e denúncias comprovadas sobre a prática da tortura.

Seria necessário acrescentar muitas páginas a este livro para especificar os vários tipos de tortura e enumerar as vítimas do regime militar. Alguns casos, porém, merecem destaque. No Nordeste, os latifundiários aproveitaram-se da situação para satisfazer as vinganças mais cruéis. Em *Tempo de Arraes*, Antonio Callado fala de "um chifre de boi com a ponta cortada". Conforme um camponês relatou ao escritor, o tal chifre seria usado para a aplicação de um clister (introdução de substância líquida por via anal) nos subversivos:

> É o chifre de clister do feitor Valentim. Gostava de matar gente pela traseira. Ele tinha uma receita para quando pegasse o deputado Julião: creolina, sebo e pimenta. Para Arraes, salitre derretido, sebo e óleo de mamona.

A bestialidade estava liberada.

Em 1º de agosto de 1967, o jornal *Correio da Manhã* publicou uma notícia que retratava bem os novos tempos e a impunidade dos poderosos:

> O trabalhador rural José Roque Leite foi alvejado a tiros pelos seus patrões Apolônio Teodósio e Amaro Teodósio, proprietários do engenho Batinga, em Barreiros, Pernambuco, e *teve ainda pernas e mãos cortadas* como castigo, por ter sido considerado "relapso no trabalho". Os patrões do líder rural *não foram presos* pela polícia e justificaram o crime como de "caráter político", desde que o camponês José Roque Leite era suspeito de ser comunista. (Os grifos são nossos.)

Esse tipo de repressão provocou várias reações. Uma delas, o suicídio. A tortura como método conseguiu matar o homem no homem: deixava marcas tão profundas que, depois, se tornava difícil querer viver. Para alguns dos torturados, a indignidade do outro – o torturador – atingia-os de tal modo que era impossível continuar pertencendo *àquela* humanidade.

Em uma brutal ironia, a ditadura apelou ao "suicídio" quando não tinha como explicar os seus crimes. A primeira vítima fatal da tortura (conhecida oficialmente) foi o tenente José Ferreira de Almeida, da Força Pública de São Paulo. A repressão registrou a sua morte como "suicídio". Em 1975, aconteceu em São Paulo a Operação Jacarta, liderada pelo secretário da Segurança coronel Erasmo Dias. Visava prender vários suspeitos de subversão. Entre eles, foi detido o jornalista Vladmir Herzog, que morreu em consequência das torturas. Os órgãos de segurança informaram que ele "suicidou-se". Outro que morreu nas torturas, o operário Manoel Fiel Filho, também apareceu nos documentos oficiais como "suicida". Nos três casos, provou-se posteriormente a farsa – nenhum cometeu suicídio, todos morreram sob tortura.

A cavalaria contra o povo

Alguns aspectos da repressão atingiram tal dramaticidade que escaparam ao controle da ditadura, estimulando o povo a solidarizar-se com as vítimas e dar forças à oposição.

Em 28 de março de 1968, a Polícia Militar invadiu o restaurante Calabouço, no Rio de Janeiro. Alegou-se que os estudantes que tomavam refeições no local pretendiam manifestar-se contra os Estados Unidos, diante de sua embaixada. Os soldados atiraram, feriram alguns estudantes e mataram Edson Luís de Lima Souto, de 16 anos. A notícia espalhou-se rapidamente pelo Rio. Organizaram-se passeatas e protestos. O corpo do estudante foi velado na Assembleia Estadual. A repressão preparou-se para conter os manifestantes.

No dia seguinte, milhares de pessoas acompanharam o enterro do secundarista. À noite, os estudantes voltaram às ruas, carregando tochas e cantando o Hino Nacional em surdina. Tentaram fazer uma vigília diante da Assembleia, mas acabaram expulsos pela polícia.

O enterro do jovem marcou a "virada" do povo: a ditadura era francamente antipatizada. A emoção tomou conta do Rio. Cerca de 30 mil pessoas assistiram à missa de sétimo dia de Edson Luís, na Igreja da Candelária. Terminada a missa, o povo saiu e sofreu uma carga de cavalaria: golpes de "espada em prancha", "cutucadas" de baionetas e "atropelamentos" pelos cavalos. Segundo um relato do *Jornal do Brasil*:

> Mulheres, velhos e crianças corriam em todas as direções, e os cavalarianos desembainhavam as espadas, enquanto os outros usavam cassetetes. Todo o dispositivo policial montado na Candelária foi acionado e começou a espancar os populares. Os cavalarianos atiravam seus animais sobre a multidão.

Tentava-se intimidar o povo. Sem resultado: à tarde, realizou-se nova missa e o bispo dom José de Castro Pinto, de mãos dadas com populares, formou um círculo em torno da igreja, para impedir o ataque da cavalaria. Ao fim da missa, o povo saiu em passeata, com o bispo e os padres à frente.

A morte de Edson Luís e os acontecimentos seguintes tiveram uma grande importância: "jogaram" a Igreja para o lado dos estudantes e da oposição. A partir daquele momento, o que já acontecia em setores isolados do catolicismo passou a ser uma política quase oficial: a Igreja, quando não se posicionava ostensivamente contra a ditadura, pelo menos condenava as violências e defendia os perseguidos, sem se importar com a sua cor política.

Tito e Bacuri

A Igreja forneceu um dos principais contingentes que enfrentou a ditadura: sacerdotes e leigos aliaram-se à Ação Popular (AP) e apoiaram outros grupos da luta armada, até marxistas, como exemplifica a ligação dos dominicanos com Marighela.

Centenas de católicos, incluindo dezenas de padres, acabaram torturados e mortos em todo o Brasil. Entre os casos mais trágicos, encontra-se o de frei Tito, torturado cruelmente pelo delegado Fleury e equipe. Depois de resistir à destruição do corpo, frei Tito sucumbiu à tortura psicológica. Uma pequena frase do seu depoimento, em *Memórias do exílio*, revela seu desespero: "Só havia uma solução: matar-me".

Livre das perseguições, convalescendo na França, frei Tito não suportou a lembrança das torturas e suicidou-se, em 1974, aos 29 anos. O seu suicídio foi, na verdade, um assassinato a distância, uma consequência das torturas que o delegado Fleury infligiu-lhe na prisão.

O aparelho de repressão lançou mão de todos os meios – um deles, o da difamação, marca registrada dos regimes fascistas. Logo após a morte de Marighela, o jornal *O Globo* encarregou-se da infâmia: "Eles [os dominicanos] traíram sua fé passando para o comunismo, depois traíram o comunismo entregando Marighela; são os novos Judas".

Em um dos seus escritos, colhidos por frei Beto depois da sua morte, frei Tito disse:

> A violência revolucionária é necessariamente a violência de uma classe e não de uma vanguarda. A vanguarda destina-se a orientar politicamente essa violência. No Brasil, foi a vanguarda que decretou a violência revolucionária, sem orientar politicamente a classe operária. E o que aconteceu? A guerra tornou-se uma guerra de vanguardas confusas e desorientadas. *Não foi a guerra do povo, mas a guerra pelo povo*. Nesse sentido teve um papel eminentemente ético (a guerra é justa). Mas não teve um papel político (a guerra é correta). (O grifo é nosso.)

Frei Tito encarna uma tragédia revolucionária. Mas milhares de outros sofreram revolucionariamente a tragédia de libertar o Brasil de um tempo de fúria e de trevas.

A morte de Bacuri é outro emblema da brutalidade. O governo militar informou que Bacuri, nome de guerra de Eduardo Leite, morreu ao fugir da prisão e resistir à polícia. Mentira: ele tinha sido torturado da forma mais brutal. Furaram os seus olhos, quebraram as suas pernas, cortaram as suas orelhas. A equipe do delegado Fleury torturava-o diariamente. Executaram-no com uma machadada, na véspera da sua libertação, que ocorreria no resgate de presos após um sequestro. Seu corpo foi entregue à família. Ao abrirem o caixão, amigos e parentes depararam com o horror: um rosto sem olhos e orelhas – ele não tinha rosto.

Se não existissem milhares de outros, Tito e Bacuri bastariam para demonstrar do que uma ditadura é capaz.

Assassinados antes de nascer

A ditadura não poupou nem as crianças. Prendeu o menino Eduardo, de 4 anos, junto com a mãe, a professora Maria Madalena Prata Soares. Torturou o carpinteiro Milton Gaia Leite, a sua esposa e os seus filhos, de 5 e 6 anos. Provocou abortos em dezenas de mulheres. E fez do estupro uma norma, conforme relatou Inês Etienne Romeu:[18]

> A qualquer hora do dia ou da noite sofria agressões físicas e morais. "Márcio" invadia minha cela para "examinar" meu ânus e verificar se "Camarão" havia praticado sodomia comigo. Este mesmo "Márcio" obrigou-me a segurar seu pênis, enquanto se contorcia obscenamente.

[18] *Brasil: nunca mais. Um relato para a história* traz uma série de depoimentos de vítimas de abortos e estupros.

> Durante este período fui estuprada duas vezes por "Camarão" e era obrigada a limpar a cozinha completamente nua, ouvindo gracejos e obscenidades, os mais grosseiros.

Enquanto cometia esses atos, a ditadura mostrava-se ao povo como guardiã da "civilização cristã" contra o "comunismo ateu". Forjava depoimentos e quebrava de tal modo a resistência psicológica de alguns presos que eles se apresentaram na televisão, durante o governo Médici, como "terroristas arrependidos", dizendo que eram bem tratados e que a esquerda cometia atrocidades.

Um balanço ainda precário registra a prisão de 50 mil pessoas. Pelo menos 20 mil sofreram torturas. Além dos 320 militantes da esquerda mortos, outros 144 continuam "desaparecidos". No fim do governo Geisel, existiam cerca de 10 mil exilados. As cassações atingiram 4682 cidadãos. Foram expulsos das faculdades 243 estudantes.

Este livro não acaba aqui.

A ditadura militar morreu lentamente a partir do desmascaramento do "milagre econômico". Começou a agonizar no governo Figueiredo. Já era cadáver no período Sarney. Foi enterrada precariamente nas eleições diretas de 1989.

Hoje, há democracia.

Isso basta?

Se me perguntarem o que é a minha pátria, direi:
Não sei. De fato, não sei
como, por que e quando é a minha pátria.
Mas sei que a minha pátria é a luz, o sal e a água
em longas lágrimas amargas.

(Vinicius de Moraes)

Glossário de siglas

A-2	Serviço Secreto da Aeronáutica
Abdib	Associação Brasileira para o Desenvolvimento das Indústrias de Base
Adep	Ação Democrática Popular
Adesg	Associação dos Diplomandos da Escola Superior de Guerra
ADP	Ação Democrática Parlamentar
Adusp	Associação dos Docentes da Universidade de São Paulo
AI	Ato Institucional
ALN	Aliança Libertadora Nacional
AP	Ação Popular
Arena	Aliança Renovadora Nacional
ASI	Assessoria de Segurança e Informações
BNH	Banco Nacional da Habitação
CCC	Comando de Caça aos Comunistas
Cenimar	Centro de Informações da Marinha
CGI	Comissão Geral de Investigação
CGT	Comando Geral dos Trabalhadores
CIA	Central Intelligence Agency
Ciex	Centro de Informações do Exército
Cisa	Centro de Informação de Segurança da Aeronáutica
CLA	Council for Latin America
CNBB	Conferência Nacional dos Bispos do Brasil
CPI	Comissão Parlamentar de Inquérito
CSN	Companhia Siderúrgica Nacional
CSN	Conselho de Segurança Nacional
Deic	Departamento Estadual de Investigações Criminais
Deops	Delegacia Estadual de Ordem Política e Social
Dieese	Departamento Intersindical de Estatística e Estudos Socioeconômicos
DM	Divisão Municipal
DOI-Codi	Destacamento de Operações e Informações e Centro de Operações de Defesa Interna
Dops	Departamento de Ordem Política e Social
DPF	Departamento de Polícia Federal
DSI	Divisão de Segurança e Informação
E-2	Serviço Secreto do Exército
ESG	Escola Superior de Guerra
FAS	Fundo de Ação Social
FBI	Federal Bureau of Investigations
FEB	Força Expedicionária Brasileira

FGTS	Fundo de Garantia do Tempo de Serviço
Fiesp	Federação das Indústrias do Estado de São Paulo
FMI	Fundo Monetário Internacional
FNM	Fábrica Nacional de Motores
GPE	Grupo de Publicações/Editorial
GPMI	Grupo Permanente de Mobilização Industrial
Ibad	Instituto Brasileiro de Ação Democrática
IBGE	Instituto Brasileiro de Geografia e Estatística
Ipes	Instituto de Pesquisa e Estudos Sociais
IPM	Inquérito Policial Militar
JFK	John Fitzgerald Kennedy
JK	Juscelino Kubitschek
M-2	Serviço Secreto da Marinha
MAC	Movimento Anticomunista
MDB	Movimento Democrático Brasileiro
MR-8	Movimento Revolucionário 8 de Outubro
Oban	Operação Bandeirante
Olas	Organização Latino-Americana de Solidariedade
ONU	Organização das Nações Unidas
Opep	Organização dos Países Exportadores de Petróleo
PCB	Partido Comunista Brasileiro
PCBR	Partido Comunista Brasileiro Revolucionário
PC do B	Partido Comunista do Brasil
PDS	Partido Democrático Social
PDT	Partido Democrático Social
PIB	Produto Interno Bruto
PMDB	Partido do Movimento Democrático Brasileiro
Polop	Política Operária
PT	Partido dos Trabalhadores
PTB	Partido Trabalhista Brasileiro
SNI	Serviço Nacional de Informações
Sorpe	Serviço de Orientação Rural de Pernambuco
Sudam	Superintendência para o Desenvolvimento da Amazônia
Sumoc	Superintendência da Moeda e do Crédito
Sunab	Superintendência Nacional de Abastecimento
Supra	Superintendência da Reforma Agrária
UDN	União Democrática Nacional
UnB	Universidade de Brasília
Usaid	United States Agency for International Development
USP	Universidade de São Paulo
VAR-Palmares	Vanguarda Armada Revolucionária
VPR	Vanguarda Popular Revolucionária

Bibliografia

ABREU, Hugo. *Tempo de crise*. Rio de Janeiro: Nova Fronteira, 1980.

ADUSP. *O livro negro da USP*. São Paulo: Brasiliense, 1979.

ALDANA, Tamon Losada. *Dialética do subdesenvolvimento*. Rio de Janeiro: Paz e Terra, 1968.

ALMEIDA FILHO, Hamílton. *A sangue quente*. São Paulo: Alfa-Ômega, 1978.

ALVES, Márcio Moreira. *A Igreja e a política no Brasil*. São Paulo: Brasiliense, 1979.

___________. *O Cristo do povo*. Rio de Janeiro: Sabiá, 1968.

___________. *Torturas e torturados*. Rio de Janeiro: Idade Nova, 1966.

ALVES, Maria Helena Moreira. *Estado e oposição no Brasil*. Petrópolis: Vozes, 1989.

ARQUIDIOCESE DE SÃO PAULO. *Brasil: nunca mais. Um relato para a história*. Prefácio: D. Paulo Evaristo Arns. Rio de Janeiro: Vozes, 1985.

BANDEIRA, Moniz. *A renúncia de Jânio Quadros*. São Paulo: Brasiliense: 1979.

___________. *Cartéis e desnacionalização*. Rio de Janeiro: Civilização Brasileira, 1979.

___________. *O governo João Goulart*. Rio de Janeiro: Civilização Brasileira, 1977.

BERARDO, João Batista. *Guerrilhas e guerrilheiros*. São Paulo: Populares, 1981.

BETO, Frei. *Batismo de sangue*. Rio de Janeiro: Civilização Brasileira, 1982.

BORGES, Joaquim. *Operação antiguerrilha*. Uberaba: Juruna, 1979.

CALLADO, Antonio. *Tempo de Arraes*. Rio de Janeiro: José Álvaro Editor, 1965.

CARLOS, Newton. *A guerra na América Latina*. Rio de Janeiro: José Álvaro Editor, 1965.

CARONE, Edgard. *Revoluções do Brasil contemporâneo*. São Paulo: Difel, 1975.

CARVALHO, Ferdinando de. *Os sete matizes do vermelho*. São Paulo: Artenova, 1977.

CAVALCANTI, Paulo. *O caso eu conto como o caso foi*. Recife: Guararapes, 1980.

CHALIAND, Gerard. *Mitos revolucionários do Terceiro Mundo*. Rio de Janeiro: Francisco Alves, 1977.

CHIAVENATO, Júlio José. *Geopolítica, arma do fascismo*. São Paulo: Global, 1981.

COMBLIN, Joseph. *A ideologia da segurança nacional*. Rio de Janeiro: Civilização Brasileira, 1977.

CORBISIER, Roland. *Reforma ou revolução?* Rio de Janeiro: Civilização Brasileira, 1968.

CORRÊA, Marcos Sá. *1964: visto e comentado pela Casa Branca*. Porto Alegre: L&PM, 1977.

D'AGUIAR, Hernani. *A revolução por dentro*. Rio de Janeiro: Artenova, 1976.

DECKERS, Flávio. *Radiografia do terrorismo no Brasil*. São Paulo: Ícone, 1985.

D'INCAO E MELLO, Maria Conceição. *O boia-fria, acumulação e miséria*. Petrópolis: Vozes, 1976.

DÓRIA, Seixas. *Eu, réu sem crime*. Rio de Janeiro: Equador, 1965.

DREIFUSS, René Armand. *1964: a conquista do Estado*. Petrópolis: Vozes, 1981.

FERNANDES, Florestan. *A ditadura em questão*. São Paulo: Queiróz, 1982.

__________. *Poder e contrapoder na América Latina*. Rio de Janeiro: Jorge Zahar, 1981.

FERREIRA, Oliveira S. *O fim do poder civil*. São Paulo: Convívio, 1966.

FON, Antônio Carlos. *A história da repressão política no Brasil*. São Paulo: Global, 1979.

FRANCIS, Paulo. *O Brasil no mundo*. Rio de Janeiro: Jorge Zahar, 1985.

FURTADO, Celso. *Análise do modelo brasileiro*. Rio de Janeiro: Civilização Brasileira, 1972.

__________. *Brasil, tempos modernos*. Rio de Janeiro: Paz e Terra, 1968.

GABEIRA, Fernando. *O que é isso, companheiro?* Rio de Janeiro: Codecri, 1979.

GIANOTTI, Vito. *A liberdade sindical no Brasil*. São Paulo: Brasiliense, 1986.

__________. *O que é estrutura sindical*. São Paulo: Brasiliense, 1987.

__________. *Reconstruindo nossa história*. Petrópolis: Vozes, 1988.

GORENDER, Jacob. *Combate nas trevas*. São Paulo: Ática, 1987.

GRAEL, Dickson M. *Aventura, corrupção e terrorismo*. Petrópolis: Vozes, 1985.

IANNI, Octávio. *A ditadura do grande capital*. Rio de Janeiro: Civilização Brasileira, 1981.

__________. *O colapso do populismo no Brasil*. Rio de Janeiro: Civilização Brasileira, 1971.

JUREMA, Abelardo. *Sexta-feira, 13*. Rio de Janeiro: Edições O Cruzeiro, 1964.

LOPEZ, Luiz Roberto. *História do Brasil contemporâneo*. Porto Alegre: Mercado Aberto, 1983.

MACHADO, Cristina Pinheiro. *Os exilados*. São Paulo: Alfa-Ômega, 1979.

MARIGHELA, Carlos. *Escritos de Carlos Marighela*. São Paulo: Livramento, 1979.

MIROW, Kurt Rudolf. *A ditadura dos cartéis*. Rio de Janeiro: Civilização Brasileira, 1978.

MOISÉS, José Álvaro e outros. *Cidade, povo e poder*. São Paulo: Paz e Terra, 1981.

MORAES, Denis e VIANA, Francisco. *Prestes, lutas e autocríticas*. Petrópolis: Vozes, 1982.

MOURA, Alkimar Ribeiro. *A questão da dívida externa*. São Paulo: Brasiliense, 1985.

MOURA, Clóvis. *Diário da guerrilha do Araguaia*. São Paulo: Alfa-Ômega, 1979.

OLIVEIRA, Eliezer Rizzo de. *As Forças Armadas: política e ideologia no Brasil*. Petrópolis: Vozes, 1976.

OLIVEIRA, Franklin. *Revolução e contrarrevolução no Brasil*. Rio de Janeiro: Civilização Brasileira, 1962.

PARTIDO COMUNISTA DO BRASIL. *Guerra popular, caminho da luta armada no Brasil*. Lisboa: Maria da Fonte, 1974.

PEREIRA, Osni. *A Transamazônica, prós e contras*. 2. ed. Rio de Janeiro: Civilização Brasileira, 1971.

PORTELA, Fernando. *Guerra de guerrilhas no Brasil*. São Paulo: Global, 1979.

PRADO JR., Caio. *A revolução brasileira*. São Paulo: Brasiliense, 1966.

__________. *História econômica do Brasil*. São Paulo: Brasiliense, 1967.

RANGEL, Ignácio. *Economia, milagre e antimilagre*. Rio de Janeiro: Jorge Zahar, 1985.

REALE, Miguel. *Imperativos da revolução de março*. São Paulo: Martins, 1965.

REIS FILHO, Daniel Aarão e MORAES, Pedro. *68, a paixão de uma utopia*. Rio de Janeiro: Espaço e Tempo, 1988.

RIBEIRO, Octavio. *Por que eu traí (Confissões de Cabo Anselmo)*. São Paulo: Global, 1984.

ROMANOVA, Z. *A expansão econômica dos EUA na América Latina*. Rio de Janeiro: Civilização Brasileira, 1968.

SCHILLING, Paulo. *Como se coloca a direita no poder*. São Paulo: Global, 1979.

SILVA, Golbery do Couto e. *Geopolítica del Brasil*. Buenos Aires: El Cid, 1978.

SILVA, Hélio. *1964: golpe ou contragolpe?* Rio de Janeiro: Civilização Brasileira, 1975.

SKIDMORE, Thomas. *Brasil, de Getúlio a Castelo*. Rio de Janeiro: Saga, 1969.

SOBRINHO, Antônio Porto. *A guerra psicológica no Brasil*. Rio de Janeiro: Fundo de Cultura, 1965.

SODRÉ, Nelson Werneck. *O governo militar secreto*. Rio de Janeiro: Bertrand, 1987.

STEPAN, Alfred. *Os militares na política*. Rio de Janeiro: Artenova, 1975.

SYRKIS, Alfredo. *Os carbonários*. São Paulo: Global, 1980.

TAVARES, A. de Lyra. *O Brasil de minha geração*. Rio de Janeiro: Biblioteca do Exército, 1977.

TÁVORA, Araken. *Brasil, 1º. de abril*. Rio de Janeiro: Vida Doméstica, 1964.

TORRES, Alberto. *O problema nacional brasileiro: Introdução a um Programa de Organização Nacional*. São Paulo: Companhia Editora Nacional, 1933.

WALTERS, Vernon A. *Missões silenciosas*. Rio de Janeiro: Record, 1980.